是Mulo，
是規劃人生旅程
靈魂，安排在
的體驗。
人生藍圖
我是Azure，是Mulo為了體驗人生，分離出來的覺知，也是潛意識。
我是小湛，我從人類角度，好奇地探索靈界的層次。

無論成為靈魂團隊，或者成為公務人員，都會有名牌切換身分，方便大家一眼辨識，你現在的職位和身分是誰。
在靈界的身分證，都和能量、光彩有關係，我來做個舉例示範。

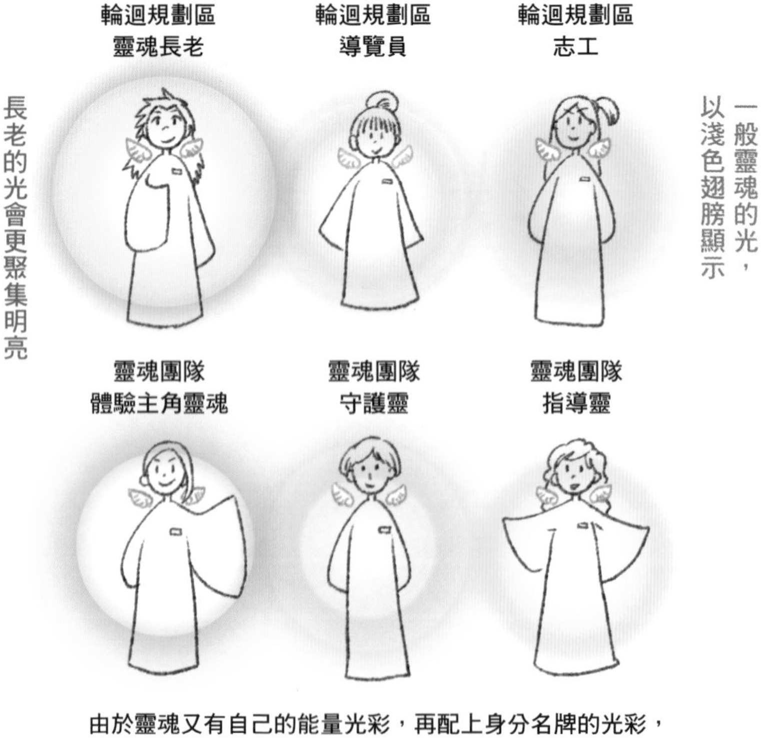
輪迴規劃區
靈魂長老
輪迴規劃區
導覽員
輪迴規劃區
志工
一般靈魂的光，以淺色翅膀顯示
長老的光會更聚集明亮
靈魂團隊
體驗主角靈魂
靈魂團隊
守護靈
靈魂團隊
指導靈

由於靈魂又有自己的能量光彩，再配上身分名牌的光彩，
成為多層次的光，以及獨一無二的身分證。

#本書內會將靈魂團隊統一為金髮碧眼，靈魂則有不同的髮色。

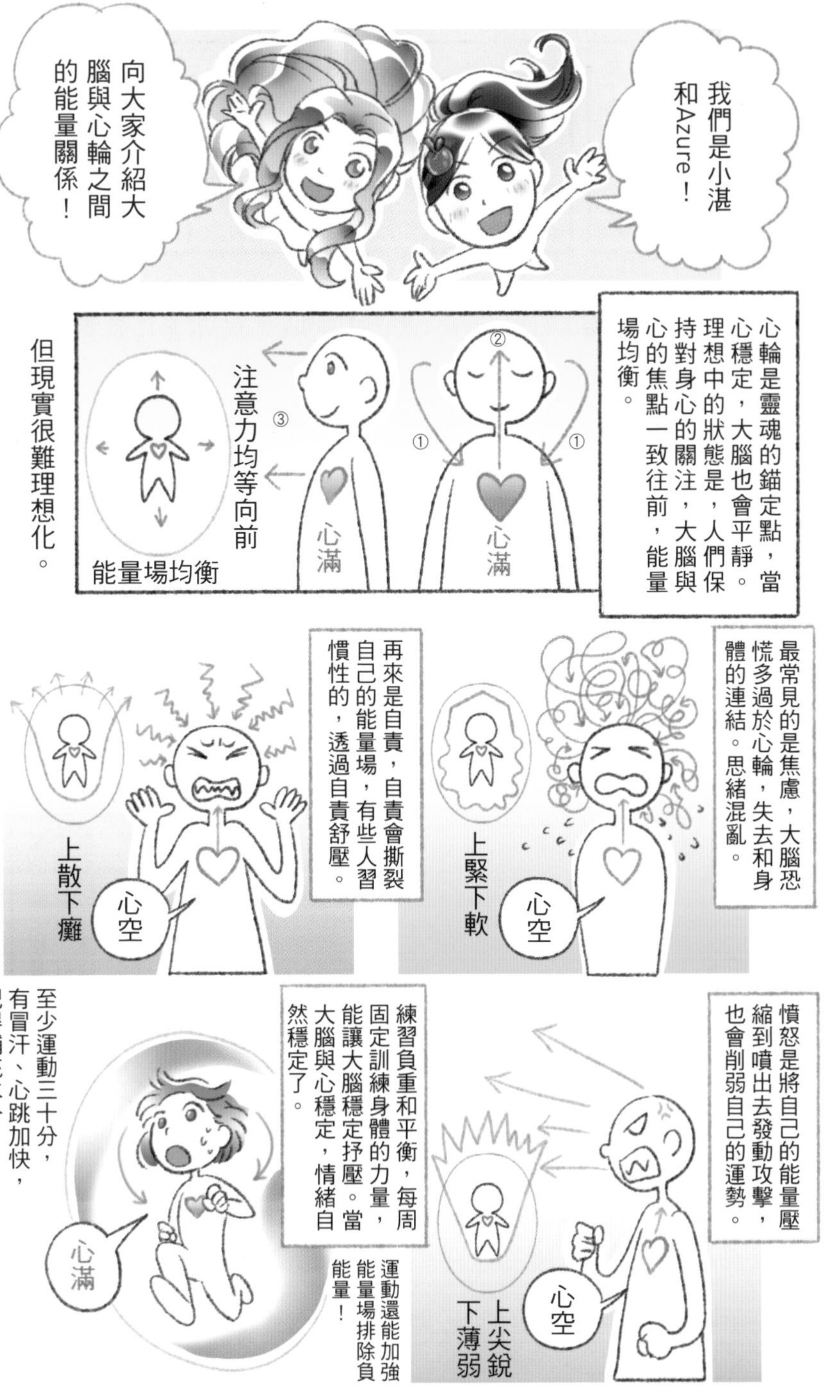
我們是小湛和Azure！
向大家介紹大腦與心輪之間的能量關係！
心輪是靈魂的錨定點，當心穩定，大腦也會平靜。理想中的狀態是，人們保持對身心的關注，大腦與心的焦點一致往前，能量場均衡。
②
①
①
心滿
心滿
③
注意力均等向前
能量場均衡
但現實很難理想化。
最常見的是焦慮，大腦恐慌多過於心輪，失去和身體的連結。思緒混亂。
上緊下軟
心空
再來是自責，自責會撕裂自己的能量場，有些人習慣性的，透過自責舒壓。
上散下癱
心空
憤怒是將自己的能量壓縮到噴出去發動攻擊，也會削弱自己的運勢。
上尖銳下薄弱
心空
練習負重和平衡，每周固定訓練身體的力量，能讓大腦穩定抒壓。當大腦與心穩定了，情緒自然穩定了。
運動還能加強能量場排除負能量！
心滿
至少運動三十分，有冒汗、心跳加快，記得補充水分！

創傷與修復
剛開始
我又落榜了！那我去死好了！
卒年二十歲
一百年後
為什麼不理我！那我去死好了！
卒年十八歲
兩百年後
為什麼要分手？那我去死好了！
卒年十六歲
靈魂長老啊～我真的很想把靈魂碎片收回來，但是自殺已經變成壓力下的習慣了，
重複的自殺讓能量好破碎，好痛，自殺的年紀越來越早，我根本活不到成年調整心態的時機，我該怎麼做才好？
你安排一名短壽的孩子人生吧。別超過十歲，先讓他經歷幸福的人生，
接著捲入戰爭，經歷強烈的動盪和驚嚇，傷亡過世。單純的孩子對生命的渴望和不甘心，能添加「我不想死掉！」的強烈意志力，成為抗壓性的凝聚力。
真的只能這樣嗎？小孩好無辜，好可憐，真不想安排這種人生。
也只能這樣了，你需要燃起強烈的求生欲，以抵抗壓力下就自殺的慣性。
自殺很容易變成習性，有不少靈魂為此困擾。至少靈魂永恆，可以再三嘗試著，找出修復自己的方式。（靈界也希望大家盡量別自殺）
再下一生，你就算遇到壓力也不敢自殺，就能硬著頭皮撐過難關，接著，多安排貴人運，讓大家一起支持你，感受到愛與被愛。再下下一生，你就能以積極的勇氣，相信自己，並且尋找療癒自己的方式，將靈魂碎片收回來。
你就可以從地球畢業了。你為全部的自己負起責任，經歷破碎與重建，是你所能夠做到最棒的結果。
每個靈魂都有自己的時間。只有自己有意願，才能把自己的能量黏起來。
THE END

Mulo當靈魂長老的輔導風格
喂，小子。你的人類長期都在憂鬱中，
我好爛，
我好想死，
人類的心理壓力已經超出可以承受的程度，靈魂的祢，怎麼還不積極安排心理層面的照顧與修復？
我不想花時間在人類的小情小愛上，憂鬱難過什麼的，都太渺小了！
我想把所有時間拿來幫助世界！放在工作和家庭上，讓大家快樂，就是我的使命！
第一次當人類的靈魂都不習慣照顧人類的自己。
人類壽命有限嘛。
雖然靈魂要在人生結束之後，才會一口氣吸收人類層次的痛苦，
但我們可以提早體驗喔。

守護靈，可以協助我們嗎？
是？
我們來模擬一生結束後，靈魂與人類覺知整合的剎那，但為了避免太強大的衝擊，
只要體驗當事者人生的憂鬱症五年痛苦就好，再減半這份壓力。反正早晚會體驗到，先來分期付款一部分。
才五年又一半的憂鬱，真是太小看我了。我愛世界的決心，可是把命給拚了呢！
沒關係，你的人類還有三十年的壽命，我們還多的是時間累積憂鬱，以及規劃修補的機會。
就讓我們來感受，
人類的「小情小愛」吧！

對不起，長老大哥請告訴我，要怎麼幫助自己的人類？我沒想到這麼痛。
等一下告訴你。
守護靈，送祂去休息區躺一下吧。這只是一點小麻痛，很快就好了。人生結束，那才叫做真正的痛。
指導靈表示欣慰
我憎恨地球上的領導者都是白癡！
經常憤怒的人類
經常怨懟的人類
這個世界統統毀滅算了！大家都去死吧！
我就是嫉妒這世界有這麼多比我優秀的人存在！
經常嫉妒的人類
長老，人類本來就很容易生氣，別那麼計較情緒問題啦。
我的人類就是愛埋怨，就當作抒壓囉，反正不會傷害別人。
大家都會羨慕嫉妒，別放在心上啦。誰都會講壞話的，別認真就好。
不當一回事的新手靈魂
情緒只是小事？

第一次當人類的靈魂都沒有意識到，情緒的激烈變動，會造成靈魂能量的不穩定。

人類層次累積長期激烈的情緒，會導致靈魂創傷。

THE END

希望我們每一個都好好的，
可以重視自己和每一個存在。

AZURE MULO

人生使用說明書

靈界運作・2

小湛 著

目錄

前言

我們是如何來到地球，成為人類？

各位好，我是小湛。我從二〇一二年就在Facebook記錄我與靈魂Mulo對靈界的探索，在網路上詳細介紹我在靈性旅程上的啟發。剛開始我也很困惑，坊間其他通靈人的靈性和靈界紀錄，與我經歷的大不相同，我想要透過日記梳理我的感受，期待未來的我能夠搞清楚靈界真實的樣貌。

多年後我理出頭緒，由於靈界能量輕盈，人類的意念較重，人類的意念和價值觀會成為一道濾鏡，靈界會依照個人的認知呈現不同的樣貌。更往內探索細節，其實精神上的啟發都是相同的。

靈魂並非高高在上、完美無瑕的狀態。所有對靈魂和靈界的「完美想像」，都是「人類覺得自己並不完美，得寄託於更完美的存在」產生的投射。若是無法接納真實的自己，得遁逃到身心靈領域自我安慰，並無法解決生活問題，一再被現實打回原形。

靈魂的個性可以從人類的個性略窺一二。你有多了解自己，你便是在理解你的靈魂，以及你為何會有今日的人生。靈魂的大愛或許會無視自己的苦痛，如果你想幫助自己的人生改變，就得意識到個人的習性，尤其是無價值感、沒自信的議題，可能亦是靈魂層次即有的模式。

當我回憶起我的前世，以及和Mulo共有的記憶，Mulo強烈地想愛著世界的心意，我真切感受到了。長期的相處中，Mulo的喜怒哀樂也讓我驚覺，我不也是這個模樣嗎？我們都太習慣把苦痛往心底吞，把分享和善意帶給其他人，將自責與懲罰留給自己。我們實在太像了，我才確信，Mulo真的是我的靈魂，我很能理解祂過去的判斷與思維。

於是我和Mulo開啟一場馬拉松，重複面對前世今生遺留的創傷和自我設限。當我能夠釋放對生活的壓力，與靈魂整合，就能夠以全新的角度，看待人類與地球生態的關聯性。也是在進入靈魂的角度之後，身為人類對世界的不公平、怨懟、憤怒，還有不甘心，也就逐一化解。

事實上，重建人際的方式、溝通和談判技巧、認識情緒和心靈的方式、認識童年創傷與早期的自我設限……相關的知識、書籍以及專業人士，已經遍布全球了。人類需要的，宇宙都在時代中帶來了，而我們也在練習成為治癒自己、治癒世界的時代角色。

我以系統化的方式，整理我對靈界的理解，以淺顯易懂的方式集結成書，讓對靈界、對精神層次感到好奇的讀者們，能夠透過文字與圖畫進入我所見到的宏觀世界。

「靈界運作」從一開始即設定為系列書籍。第一本主軸是「地球與生態」，第二本是「靈魂與人類」，第三本是「宇宙與星球文明」。

我從第一本鋪成——關於如何保護自己，以及了解地球能量的運作，再進入第二本的主題。若少掉基礎的概念，人們對自我存在產生的質疑和不安全感，反而會過度追求靈界／靈性的開發，帶著生物性的競爭角度，充滿優越感，最後活在自己的世界裡，與世界脫鉤。

而我所見到的靈界具有超越地球生態的平衡，關於靈魂之間的合作與協定。所有在地球上的意識，包括每一個人的靈魂，都是為了愛這顆星球，於是進入地球的輪迴圈，成為現在的模樣。然而，規劃人生的順利與否，都看靈魂最初的願景「我想要為這顆星球帶來什麼禮物？」或者「我想要為自己達成何種期許？」目標的不同，造成人生際遇的多樣化。

人生規劃是一系列縝密的考量，還要經歷無數次的彩排。我的前世經歷過人生悲苦，也曾被迫害、被傷害，甚至被虐待與枉死……也確實都是靈魂的規劃。靈魂為何要創造苦痛？靈魂在想什麼？也都會在本書內詳細探討。

理解靈界和精神層次的流動，能夠帶來撫慰，使我們暫時安歇和釋懷。靈性探索的過程就像進入醫院修復自己，最後，我們終究得從醫院康復，回歸到地球和人類的生活之中。

這本書提供小湛我和Mulo的觀點，分別從人類層次、靈魂層次的角度，理解我們為何在此？我們需要做什麼？而在成為人類以前，我們經歷了什麼？這樣的可能性。

當我們知曉過去的安排，重新錨定當下，也就能開展無限的未來。

CHAPTER

01

地球靈魂
輪迴規劃區

可曾想過，當還沒有成為人類之前，你保有靈魂的姿態，是如何來到地球的？你為何規劃今世的人生？

能夠成為人類的靈魂，在宇宙星際之中都有一定的質量。靈魂像是明亮的光體，如果想成為人類，就需要壓縮靈魂質量，降低頻率，變得沉重密實，才能進入地球的能量循環之中。

倘若靈魂的質量太小、太年幼，就無法勝任人類的體驗。因為人類的生命會經歷各種壓力和情緒的變動，例如哀傷、憤怒、激烈的懊悔與怨恨，能量太小的靈魂會痛苦到崩解。所以要成為人類，靈魂得有一定的抗壓力，經過其他星球的歷練，有相當的能量韌性，才能夠體驗人類的七情六慾。

靈魂想要成為人類有很多種因素，其中最重要的一項原因，就是「我想要為這顆星球——地球，提供幫助」。

靈魂的來源

如果把宇宙的能量用人類的觀念來簡化，可以把宇宙的「維度」視為樓層。來自七維度以上的樓層，你感官世界中的宇宙，皆為明亮閃爍，這裡的能量飽滿強盛，你不需要飛船，只要起心動念，即能在一定的範圍內瞬間自由移動。具有如此強大活力和精神力的靈魂，我會稱之為「高靈」。

若是來自七維度以下的樓層，你所見到的這個宇宙，則是黯淡、閃爍著遙遠星光，類似人類的肉眼所見的宇宙。或許你的感官可以看到電磁波、磁場等等，然而能量不夠強壯，你需要依賴額外的保護層，像是防護衣、飛船還有其他的交通運輸工具。得靠其他能量提供保護而來到地球的靈魂，我會稱之為「外星人」。

維度的差異，並沒有高等低等的差別，只是代表能量的疏密之分，靈魂來自不同世界，有截然不同能量運作的特質。因此，來自越高維度世界的眾生們，祂們所認知的世界跟地球的能量差異也就越大，甚至會呈現格格不入、難以適應的狀態。

無論你是來自哪一方維度的存有，不管是高靈或者是外星人，甚至兩者都有當過，這都沒有關係。我們都因為各種原因，遇見了地球。在靈魂層次裡，你所見到的地球也許是閃閃發亮，又或者是充滿難題與挑戰，當你靠近地球的能量場時，產生一股心念：「我好想要為這顆星球提供幫助。」你就會在這一瞬間，切換空間，進入地球的「靈魂輪迴規劃區」。

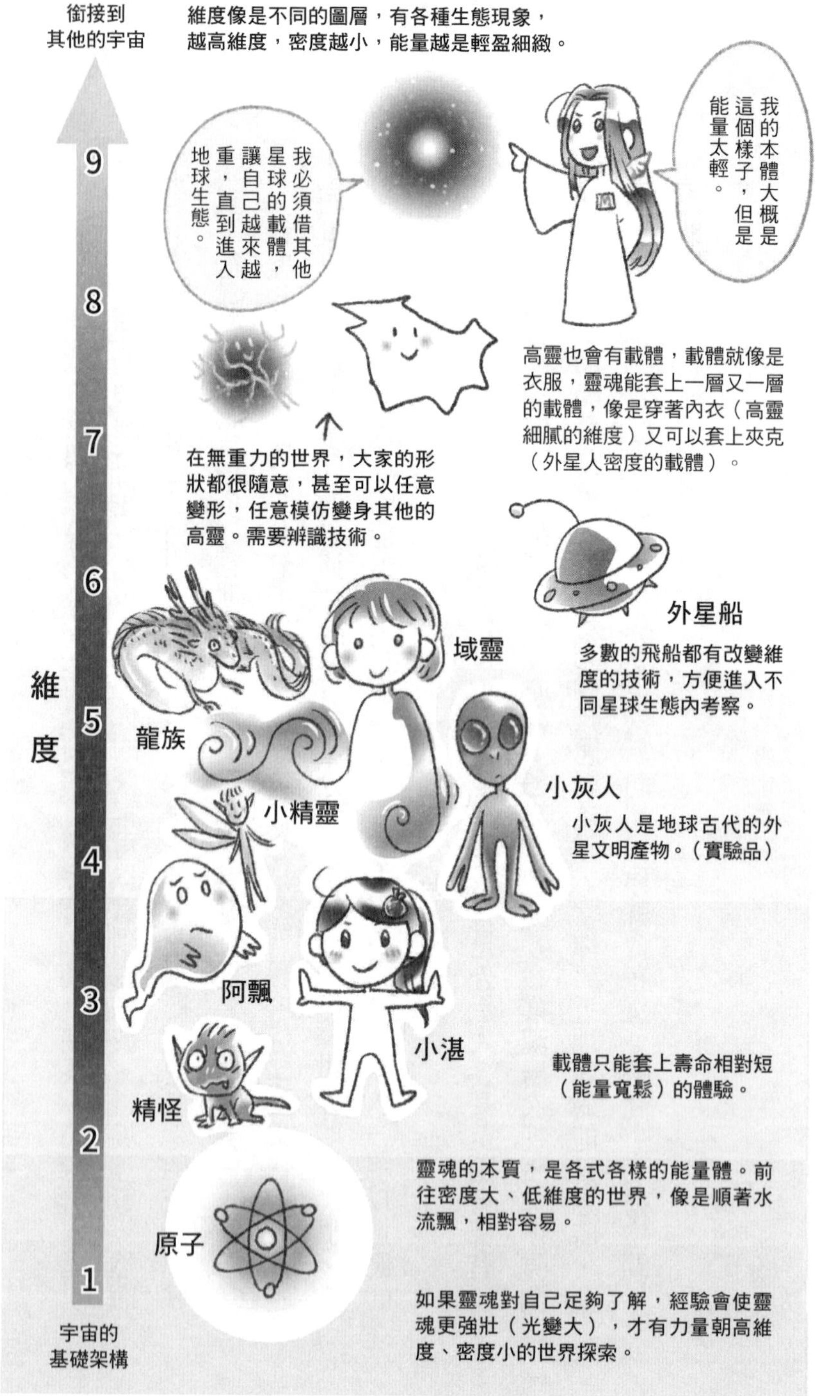

銜接到
其他的宇宙
維度像是不同的圖層，有各種生態現象，
越高維度，密度越小，能量越是輕盈細緻。
我必須借其他星球的載體，讓自己越來越重，直到進入地球生態。
我的本體大概是這個樣子，但是能量太輕。
9
8
7
6
5
4
3
2
1
維
度
高靈也會有載體，載體就像是衣服，靈魂能套上一層又一層的載體，像是穿著內衣（高靈細膩的維度）又可以套上夾克（外星人密度的載體）。
在無重力的世界，大家的形狀都很隨意，甚至可以任意變形，任意模仿變身其他的高靈。需要辨識技術。
外星船
多數的飛船都有改變維度的技術，方便進入不同星球生態內考察。
域靈
龍族
小精靈
小灰人
小灰人是地球古代的外星文明產物。（實驗品）
阿飄
小湛
精怪
載體只能套上壽命相對短（能量寬鬆）的體驗。
靈魂的本質，是各式各樣的能量體。前往密度大、低維度的世界，像是順著水流飄，相對容易。
原子
如果靈魂對自己足夠了解，經驗會使靈魂更強壯（光變大），才有力量朝高維度、密度小的世界探索。
宇宙的
基礎架構

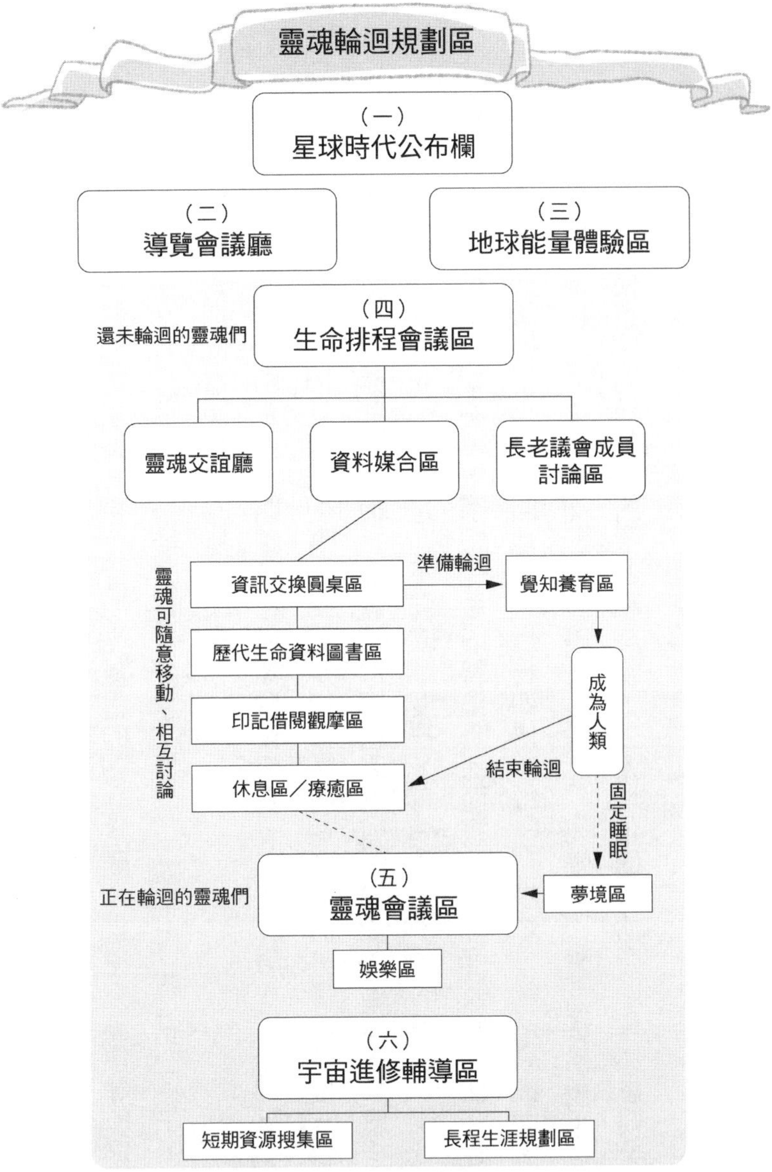
靈魂輪迴規劃區
（一）
星球時代公布欄
（二）
導覽會議廳
（三）
地球能量體驗區
還未輪迴的靈魂們
（四）
生命排程會議區
靈魂交誼廳
資料媒合區
長老議會成員討論區
靈魂可隨意移動、相互討論
資訊交換圓桌區
準備輪迴
覺知養育區
歷代生命資料圖書區
印記借閱觀摩區
成為人類
結束輪迴
休息區／療癒區
固定睡眠
正在輪迴的靈魂們
（五）
靈魂會議區
夢境區
娛樂區
（六）
宇宙進修輔導區
短期資源搜集區
長程生涯規劃區

有底色的區域分兩層，方便還未輪迴，
和正在輪迴的靈魂上下樓交流。
實線是串流的區域，虛線是正在輪迴的
靈魂才能使用的通行道。
最熱鬧的區域在交誼廳！

統一差異的星球中立區

靈魂輪迴規劃區，是一片明亮無盡的獨立空間，這兒充滿寧靜與期待的氛圍。每顆星球都有專屬的等待區和休息區，這是為了讓來自各方的眾生，在初來乍到時，能夠理解這顆星球的能量架構。

這個空間由宇宙規劃團隊和星球合作建立，存在於第八維度。至少對地球而言是第八維度，因為宇宙的層次彷彿千層派，有些區域的夾層（維度）特別多，有些區域的夾層很是簡潔，而地球就位於宇宙夾層較為簡潔的區域。事實上，宇宙不是只有「一個中心」，而是在不同的維度裡，有「各自不同的中心」或者「連續性的大大小小集合中心」，宇宙能量的轉換豐沛而複雜，維度彼此穿插交疊。

我們繼續把焦點帶回地球。無論如何，每一顆星球，包括高靈創造出來的能量空間，都會有一處以上的「休息與等候區」，這裡像是管理員制定秩序的專用管道，方便整體結構基礎的運作和維護，有人性化的生活空間和休息娛樂區，最重要的是管理人員進出，確保一切流程安全穩定。

我們可以把地球上的「第八維度」視為蹺蹺板中的立柱，平衡來自上下左右、各種境界的能量流動，彷彿交通樞紐，具備獨立運作的能力。

即使靈魂們有配備的自衛武器，以及可能產生衝突的危險器具，都會被凍結，無法使用和拿取。若有激烈對立的情緒升起，就會自動被彈出靈魂輪迴規劃區。這裡充滿地球母親的溫柔，與堅毅守護生命的決心。

在這個空間內，無論你來自何種維度、有多複雜的語言和表態方式、心靈感知、靈魂的能量大小等等差異都會被統一，成為交流無礙的伊甸園。即使像是鯨魚般巨大的靈魂，或像螞蟻一樣小的靈魂，前者會縮小，後者會放大。又或是來自高溫處百萬度的星球、習慣高熱的靈魂，以及來自極寒冰凍的星球、習慣冰寒的靈魂，一切的差異都會消除，使每一位眾生能夠見到彼此，沒有衝突與傷害，完全平等。

過去大家曾經生活在天差地別的世界，沒有任何交集。如今終於有機會，交換與眾不同的眼界和思維方式。眾生們在靈魂輪迴規劃區聚集，驚訝於從未遇見的生命體。彼此好奇地打量，自我介紹，感到有趣新奇極了。這裡瀰漫著善意與和平，期待對地球有所作為，充滿激勵的氣氛。

當眾生們想探索這片空間，映入眼簾的，會是一片巨大的螢幕，上面記載這顆星球跟世界的歷史，每一塊土地上、海洋中，空氣裡，過去現在以及未來預計要發生的時代事件。

靈魂輪迴規劃區①——星球時代公布欄

靈魂輪迴規劃區的第一站，即為星球的時代公布欄。公布欄像是時鐘保持更新，顯示此時此刻當下，地球各個區域正在進行的時代議題，以及未來預計要發生的事件。

宇宙星際之中，無論在何種維度的境界裡，每一顆星球都像是一座學校，每一所學校都設定了獨特的難度跟挑戰。地球的難度很高，這裡是一個「練習解決問題」的世界，每個時代和地區都會有類似的衝突、習性，隱藏在所有生命體的基因裡面。靈魂們進入輪迴的目的，就是改變地球能量場之中的地球生命體的基因，注入愛與希望的力量。

這麼多的靈魂們，如今能夠齊聚一堂攜手合作，一起面對星球母親發出的挑戰功課，這是非常難得的機會。有些性情膽怯的靈魂會在時代公布欄前觀望，猶豫著要不要加入；也有性格剛強、躍躍欲試的靈魂，想要獨自挑戰，或者結識新朋友組隊參與。

如果靈魂放棄了，覺得公布欄顯示的內容不是自己想要的體驗，就會在瞬間離開「靈魂輪迴規劃區」的空間，回到地球能量場外圍。是否要加入地球生命的輪迴，取決於「你是否願意愛這顆星球」的意念與意志，沒有誰會被強迫。

地球藍圖

正是因為星球時代公布欄公開展現出地球的藍圖規劃，臨時打退堂鼓的高靈與外星人，都知道接下來地球約莫會發生何事，時代流程並非祕密。所有在地球上的靈魂，都知道星球未來大致的走向，只有人類層面由於正在體驗中，並不需要知道。因為將來要面對的事件，端看靈魂層面是否做足準備替將來的事件鋪陳或避險，這是在挑戰靈魂的能力，促使累積經驗。

難免也會有人類的靈魂太慈愛、太想劇透，在電影院積極呼籲其他觀眾，提醒接下來情節的發展，請大家做好心理準備，於是發出各種預言警告。當然，也有的預言與個人恐慌有關，不一定真實。

真實的預言可能會影響靈魂們進行準備工作的心態，「靈魂輪迴規劃區」的靈魂長老們會評估當地人類的心理素質，提前、延後，甚至取消既定行程。

畢竟所有的發展都像是旅遊行程——目標是爬山，要準備什麼得自己考量和評估。這是靈魂鍛鍊自我成長的過程，若持續依賴別人提醒和劇透，很難長出內在的力量與穩定性。

外來意志

有的靈魂會想要用自己的方式，像是利用外星的科技、精神層次的意念等，直接影響地球時代能量的流動。祂們拒絕加入地球輪迴，選擇徘徊在地球外圍，或者嘗試進入地球現有的生態，意圖展現獨有的科技與能力，比如說營造ＵＦＯ等奇異現象，或是創造夢境，以心電感應對人類表達善意，希望更多人類歡迎祂們加入地球。

人類越是期許外來能量幫助自己，這股意識就會變得更加強大，成為不可忽視的集體意識，就會改變未來的星球藍圖動向，提高未知的外來力量介入人類文明。

然而，在人類以前的地球文明，其實早已經歷過無數次外星文明的介入。外星文明彼此械鬥、爭奪地球的資源，當殖民者相互角力，地球文明只能任憑宰割，最後造成地球文明的崩解，導致巨大的生態滅絕以及地球維度的破損。地球母親花了很大的時間與力氣，持續排除外在文明介入，期待地球上的孩子能夠長出自己的力量，創造自主權，愈加茁壯，別再依賴外來的力量。

現在的地球是「宇宙星際的獨立保護區」[1]，大多數的祂們都不被允許直接介入／控制星球的自由意志，因而被隔絕在外。偶爾有外來者嘗試偷偷進入保護區而被人類窺見，但終究不常見。

如果一顆星球母親／一座學校體制想要改變，肯定是由內往外地更新，靠內部群眾一體同心團結起來，而非靠外在的奪權控制。所以即便有外在的因素擾動，形成某些變數，影響的效果也是微乎其微。

星球藍圖依然按照星球內部的能量運作方式，效忠於星球母親的意志，繼續執行時代的議題。而願意為地球母親提供服務的我們——我們的靈魂，尊重這顆星球的意願，並出自於善意和尊重而成為人類，共同參與星球學校的成長。

靈魂輪迴規劃區②——導覽會議廳

當下定決心，要成為地球生命體的一員，你會感受到一股引力，引導你離開星球公布欄的螢幕，進入導覽區。

當過地球生命體的靈魂，或者是現任地球生命體的靈魂（非現任人類，後續會解釋），祂們會在生物睡眠時間來到這裡，擔任志工團隊，提供身為前輩的建議和

1 宇宙星際的獨立保護區：有關宇宙和外星的過去歷史和介入，都會放在第三本討論。

經驗談。這裡有非常多的詢問接洽處，以及發送傳單、進行講解的櫃檯，你可以加入或者旁聽。如果你還沒有清楚的想法，可以漫無目的地在這裡閒逛，收集不同的傳單。有的是歷史介紹傳單，或者地理和地質介紹、人類的歷史、植物的歷史、演化與生命型態的不同之處等。

導覽區的空間很大，設置了非常多獨立空間，讓靈魂們自由入座，有如享受電影般的以全景視野，回顧地球發生的種種往事。人類在地球的歷史中，只占極為短暫的時間，導覽區的重點放在整個星球文化文明的進展，包含非人類的時代，所以當然也涵蓋了其他靈性存有的視角，例如龍族、鳳凰與其他生命體在地球上的歷史和旅程。其中亦包含微小生命體的紀錄，像是細菌的演變和環境的關係，從微觀到巨觀，甚至恐龍時代的紀錄都有。導覽區鉅細靡遺地記載所有曾經發生在地球上、已經滅絕或依舊發展中的生命體們的故事。

喜歡做研究的靈魂，往往會在這邊待上很長一段時間，跟著不同的導覽隊伍整理好手上的傳單跟資料，滿足各式各樣的好奇心。靈魂們越是清楚地球能量的架構、記取過往發生的教訓、預防未來有可能的失誤、謹慎地考量，也就能降低未來設計的生命藍圖發生意外的可能性。

當然也有靈魂個性很猴急，才看完公布欄的螢幕，就一頭熱地想要拯救千億眾生，或者要證明自己很有才華，急著達成目標。這樣的靈魂就有很大的機率會快速衝過導覽區，直接進入體驗區，想要尋找最適合改變全世界的載體，立刻加入地球的能量循環。

靈魂輪迴規劃區③——地球能量體驗區

地球能量體驗區，可以想成百貨公司內的服飾專櫃。這裡依照能量大小排列，按每一種有形無形的生命體，以及所處的維度資料，將生命體的模板逐一排列開來。這裡有「模板擺設區」和「體驗間」兩大區域。可以挑選你有興趣的生命體模板，翻閱吊牌上的介紹說明，像是「喜愛熱鬧群居的物種，壽命短，生存在限定的海拔和地理環境裡」。

當你想嘗試成為某個物種，拿著生命體模板進入體驗間，接著彷彿掉入電影劇場中，你成為主角——也就是這個生命體。倘若你成為非洲象，可以選擇過去的時代背景，或者現代環境，甚至是模擬未來的氣候模式進行體驗。你可以感受踩踏草原或荒蕪的漠地、涉過河谷等歷程；感受「重量」、「耐力」與「緩慢」；感受嗅聞的氣味、眨眼的力道、皮膚被風吹拂的溫度……全方位地沉浸於大象的觀點之中。

體驗時間有限，感受會漸漸淡去，你又回到當下，會有螢幕為你分析：「你並不喜歡過度乾燥的環境，或許可以考慮濕潤的氣候」、「沉重的身軀會讓你的靈魂感到疲勞，建議選擇體型更小的物種，例如狐狸」。地球能量體驗區集合了高科技和人性化的資料整合，會貼心地提供指引，例如「你剛剛體驗的四種物種都有共通點，或許這個共通點也是你的專才……」，以此建議體驗者探索自己偏好的領域。

在這裡你想待多久就待多久，然而靈魂體驗到最後，終會感到厭倦，因為不想只有自己單獨體驗，而是期待和朋友一起分享生命的喜悅。如果想和親朋好友一起感受地球生命體的多樣化，只有加入此時此刻的星球輪迴，才有合作的機會。

地球的生態中，除了人類之外，亦充滿群聚共生的物種，例如極地苔原、昆蟲、魚群、鹿群等，因應不同物種的需求，靈魂們需要討論合作的可能性。因此靈魂收集好在「地球能量體驗區」獲得的資料，接著便前往「生命排程會議區」，進行密集的討論。

地球筆記本

大量的體驗資料需要記錄下來，所以在地球能量體驗區中，大家都可以獲得一份像是平板電腦的輕薄能量，這份「筆記本」會提供目錄，記錄最常遊覽和檢視的區域，也提供簡單的瞬間移動技能，可以點選有興趣的交誼廳講座，瞬間前往旁聽。

筆記本會直接綁定靈魂，無法被偷竊、窺探和複製，屬於「靈魂輪迴規劃區」的隱私保障，由星球規劃團隊保護，只能在地球上使用，當靈魂離開輪迴規劃區，筆記本就會被收回。

這份筆記本也能成為通訊錄，記錄在地球上靈魂們的能量特質。若是經過其他靈魂的同意，筆記本也能夠成為彼此的聯絡方式，可以隨時出現在對方身邊，也能進行封鎖，或做一般訊息傳遞。

靈魂輪迴規劃區④——生命排程會議區

當你成為地球上的某個物種，你的意志力足以改變載體部分的基因，你的起心動念和無意中的行為，可能造成時代的阻力難題，也可能突破時代多年的困擾。

例如，你平常很積極讀書，覺得靠自己爭取最好的結果理所當然。但是某天你覺得很累，想直接偷同學的筆記來看，意外發現偷別人的筆記可以減少這麼多自己念書的時間，於是你嘗到甜頭，開始思考要怎麼用小聰明替自己撈到更多好處。這份「我自以為很聰明、我不可能被抓」的自信就會進入載體基因，你的身體會記錄

地球筆記本客觀上是個光體，
但是能夠訂製外表，像是套上
自己的特色，能吸引同樣興趣
的靈魂一眼認出同好。

Book !
Cat !
Surfing !

研究型　瘋狂貓奴或動物愛好　海上活動

「我要盡可能偷取對我有用的好處」。

乍聽之下這不像是問題，但是「我要利用別人帶給我更多好處」這份意念，就是造成社會貪腐風氣的來由。大家都想找機會偷懶，想多拿一點，覺得不會有人發現……就算被發現了只要說「大家都這樣，我只是倒霉」也能被輕易饒過，你不會真正反省，反而是加強遮掩的手段，並且拿得更多、偷得更多，甚至視為「這就是社會潛規則，大家都這樣，沒什麼大不了」。

小小的偷懶、小小的貪心，會被滋養得越來越大，呈現在各行各業之上——承包政府工程的商人也敢偷工減料，甚至明目張膽，變成各種類型的詐騙。大家都覺得「沒什麼大不了，因為我很聰明，我不會被抓」，最後演變成社會層出不窮的弊案和困擾。

接著，人們得想辦法阻止越來越多的工安意外，制止大小詐騙，要加強蒐證與調查的技術，必須重新修法，重建秩序。要更嚴格和不能妥協地審查，想盡各種方法補救人心因為貪小便宜創造出來的漏洞。

生命們便是如此，相互拔河，輪流創造問題、解決問題，源源不絕地成為星球進化的力量，要使社會機能與人民生活，更加安全有保障。

體驗區沒辦法將你的起心動念收錄到地球的基因庫，體驗區只能「模擬」模板的感受。然而你屬於你自己，會有你獨特的想法，屬於你解決事情的應變之道。

簡單的體驗過程，已經能滿足諸多靈魂對地球生態的好奇心。若是想尋找同伴一起體驗，但身邊沒有人選，生命排程會議區充滿了確定要成為地球生命體的靈魂，你可以在這裡尋找未來的親朋好友。

生命排程會議區又分成三大區域：靈魂交誼廳、資料媒合區、長老議會成員討論區。

靈魂交誼廳

在地球上，想要當人類以外的物種，度過普通的生命歷程，並不需要太複雜的夥伴資料媒合。然而想要成為人類，無法自主的童年需要依賴周遭環境的支持，因此靈魂交誼廳內的社團，能夠協助靈魂挑揀合作的對象。

靈魂在交誼廳四處打聽，前往各個社團尋找幫手，也留下自己的興趣跟專長。社團有的是「醫療科技研究社團」、「亞洲財政與經濟」、「當代藝術與表演劇場」等，裡面都會有布告欄記錄了社員名字，以及這些社員的專業領域，目前正在哪個國家體驗。筆記本也能發揮作用，進入社團搜尋關鍵字，尋找個性和專業能夠相處的靈魂，接著等對方上線互動，詢問自己想知道的專業內容。

也有的靈魂實在太忙了，沒空定時到專業社團活動，畢竟有興趣的領域太多。社團也會有公布欄，訪客可以留言尋找合作對象，等社員有空上線，再和訪客交換一般訊息，繼續討論合作的可能性。

靈魂們相互約好時間，真正地面對面互動，才能確定未來是否要合作。靈魂和靈魂之間亦會相互介紹更多的朋友，因此交誼廳就顯得格外重要。這裡充滿放鬆的沙發、海灘和自然風情，靈魂能夠隨心所欲地創造／改變想要的空間樣貌，甚至設定香氛氣味、自然風、陽光等，讓感知更豐富立體，盡情享受氣氛，好好聊天。

確定將來會合作之後，靈魂們才會把彼此的筆記本靠近，交換帳號。這個設計是確保每一位靈魂的帳號都屬於自己，無法被任意挪用或未經同意傳播。

若靈魂還沒確定會合作就交換帳號，就像提供路人你的工作和私生活範圍的通訊方式，甚至對方也會把你的資訊傳給其他不認識的靈魂。這就得看大家會不會騷擾你的行程，或者把你先想好的點子拿去使用，畢竟有些機會是先搶先贏，名額有限。

也是有的靈魂一開始沒有任何防範，後來吃了悶虧，本來預計人生一路都要拿第一，結果總是被另一個人洞察先機。對方的人生安排、居住地點、成長環境、就職公司幾乎和他一模一樣，對方屢屢搶走他的名額，這就是對方靈魂的小聰明，覺得從你那邊可以得到最好的，祂就不必努力搜集資料和爭取，只要搶現有的東西就好了。甚至還狡辯說：「你一開始就邀請我，又沒說我不能抄你的、拿你的。」當事者靈魂氣到把對方封鎖，困擾就解決了，從此雙方人生際遇大不同。

所以靈魂們也是得花時間挑選夥伴，確保對方的品格能和自己合作愉快，而不是把你的努力整盤端走。

公眾人物靈魂

有的靈魂設定人生的時候，就預計成為充滿魅力的創作人士。由於需要作品來大鳴大放，靈魂會先擬定創作方向，像是編曲、唱歌、編劇、表演、書寫、繪畫、演講……擬出幾份創作草稿，放在交誼廳社團，測試觀眾的接受程度。

這些作品牽涉靈魂往後人生的發展，因此作品的能量特質都會受到靈魂規劃區的保護，像是上鎖，避免其他靈魂抄襲、端走成果。因此創作者靈魂可以安心地大膽表現自己的才華，觀察觀眾的反應，決定哪些熱門作品優先發表，或者需要調整細節，以奠定自己的公眾地位。創作者靈魂能藉由觀眾的反應，決定未來人生要在哪些地區發展，並規劃人生的合作靈魂。

創作者靈魂的人生主軸和一般人類不同，需要先把作品做出來再安排人生。等出生之後展露才華，再把靈魂層面早就準備好的內容製作出來，被觀眾投票、被圓桌認同，最後走上預計的人生藍圖。

如果沒有在出生前做好作品發表的演練，人類層面端出來的作品就會前途不佳，即使內容優秀，然而螢光幕前的位置都在生前規劃時被搶光，硬生生擠到後方。這也是靈魂高估自己的影響力，忽視生前在交誼廳排演的重要性。這就是我們說的懷才不遇，都是靈魂太高估自己，忽視和群眾連結的重要性。

其實很多人類歌手的靈魂，在交誼廳也都有開演唱會和俱樂部，祂們的人類在出生前，就已經受到熱烈歡迎了，好比地球上的網紅，大部分在靈界也是同樣的身分。那些認真經營地球人生的靈魂，總是很忙又很充實地安排有形無形的行程，盡情地發揮影響力。

靈界的社團，影響人類生涯安排頗深。有非常多的靈魂想要收集生活靈感和創意素材，或者展現自己的魅力，透過社團發表，又或者是把靈界的一部分經歷，當成創作來源。

理想中，靈界和人類兩個世界兼顧是最好，但難免有的靈魂在人類生活太過受挫，把焦點都放在經營靈魂的社群，以至於疏忽照顧人生，使人類層面產生疏離無奈的感覺，難以接受平凡的命運。

靈魂志工

交誼廳之中又分為鬧區和細語區，總是有些靈魂偏愛輕聲交談，不喜歡張揚。交誼廳中巡迴的靈魂志工有特別申辦的權限，如果某些靈魂太興奮或不肯接受意見，在細語區過度吵鬧，靈魂志工可以拿出名牌，瞬間把對方傳送到鬧區，或者暫時拒絕對方進入細語區，藉此簡單地管制秩序，以保障多數守規則的靈魂的權益。

靈魂志工都是申請打工的一般靈魂，只要大致上了解地球生態的能量循環，經過基本考試之後就能獲得志工權限，並以此換得地球代幣。（地球代幣將在稍後談到。）

靈魂交誼廳會定期舉辦「全球靈魂研討會」，還有以國家和地緣為主的「分區靈魂會議」。開會的時間很頻繁，如果以人類時間估算，全球靈魂研討會大約兩個月舉辦一次，分區靈魂會議則是兩周舉辦一次。開會時間會有才藝表演和演講等活動，很豐富有趣，靈魂志工會提醒每個區域排程的時代議題要到了，有任何疑問可以發言或者提供意見。開會時間約兩到三天，橫跨全球時區，讓每個靈魂都可以參與到內容，錯過會議也能看筆記本的紀錄，靈魂要不要參加都隨意。

人類覺知沒有權限參與靈魂交誼廳的活動，因為大部分覺知的能量太小了，會被靈魂規劃區巨大的光能量壓扁，通常都是載體入睡後，靈魂和覺知合一才會參加活動。

全球會議可以自由參加，或者找代理人參加（例如指導靈），如果經常不參加，可能會錯失重要的臨時異議，以及喪失自身權利。

我今生有開靈通，和我的靈魂Mulo的契合度很高，Mulo又是長老議會成員，可以給我多一點權限認識地球靈界的生態。Mulo偶爾會讓我冒名參加活動，多認識不同的靈魂。在交誼廳中，我印象最深刻的是音樂，許多靈魂都會在會議結束後大合唱，全心投入的情感磅礴動人，甚至我人身醒來之後，仍舊感動不已。

設定基因與目標動向

交誼廳的專業社團內，有比導覽區更詳盡的地球生活細節介紹。例如，詳細解釋沙漠中一天會經歷的溫差變化、物種的型態和演化趨勢、物種體內的水分多寡和必要營養來源、現代面臨的壓力和歷史壓力的不同之處。

每個靈魂喜愛的物種和特色都不同，這裡就像熱鬧的學校社團，曾經當過某些物種的前輩，會在這裡當志工詳細解答新來靈魂的疑問，或者邀請新來靈魂成為接下來輪迴的家人。

因此靈魂交誼廳又分為各種大小廳，像是海洋物種區、陸地物種區、兩棲類、動物類、植物類、真菌類等等，當然還有人類。也有地球靈界的體驗：龍族、精靈和其他存有。

靈魂在物種出生前，就得思考該如何搭配基因，具有什麼樣的特殊能力？從胚胎中塑造變異的基因，例如更能吸收水分，卻要避免短命和影響其他基因的正常運作。地球筆記本會協助靈魂運算自己想要嘗試的基因發展，若靈魂已經有在地球體驗的其他前世，地球筆記本也會記錄詳細的生理和心理變化、改變基因的可能性等資料，提供靈魂參考。

靈魂們邊設定自己的基因模組，預設未來生命的幼年、青年期、中壯年與老年的樣貌和體格，邊和同伴交換意見，修改生命模板的細節。這個階段就像玩遊戲的「角色設定」塑形階段。當然也要考慮到，如果相互成為家人，只能擷取對方有的載體基因特質，繼承類似的容貌，或者因為基因變異產生新的可能性。

資料媒合區

這個場域又分成三大類：資訊交換圓桌區、歷代生命資料圖書區、印記借閱觀摩區。

資訊交換圓桌區

資料媒合區有一片片潔白圓桌，有意願合作的靈魂們，將各自在「地球能量體驗區」收集好的資料，透過筆記本放到圓桌檯面上。此時系統會快速計算出靈魂之間的契合度。

例如能一起吃苦耐勞，不等於可以有福同享；可以吃喝玩樂，不等於能同舟共濟。在靈界沒有壓力的狀態下，每一位靈魂看起來都很和善、願意分享，實際上成為人類，體驗到來自家族、學校和職場的負擔，以及承擔社會期許，都會是另一個模樣。

圓桌會浮現靈魂設定為人類之後，與其他人類相處後的情緒變化，以及有可能採取的行為，呈現鮮明的影片畫面。使靈魂們再次探討，自己的人類設定和採取的行為互動模式，真的是自己期待見到的發展嗎？該如何加強或者插入其他因素，避免極端的衝突與破壞？

靈魂如果決定要當人類，很難透過前面的「地球能量體驗區」模板取得新的變化，因此為了更深入了解地球物種的變動性，可以借閱其他靈魂前輩的經驗，也就是「借印記」，來模擬自己在生活壓力下，可能做出的選擇。

歷代生命資料圖書區

這一區匿名記載地球誕生以來，大量靈魂在地球上的生態體驗，提供各方靈魂

剛開始操作圓桌系統，每一位靈魂都滿懷期待地設計，
希望能駕馭人生，創造美滿結局。

但是圓桌排程至少要超過三十次以上，才能把多數的意外排除掉，
需要持續演練，還要收集夠多的無形支援，例如靈魂團隊的合作。

參考借鏡。靈魂都有自己的個性和專長，會在同樣的壓力下做出截然不同的選擇。舉例來說，同樣經歷戰爭，有的靈魂會起義、反抗不公平的對待，有的會默默隱忍，或者同流合汙，又或者攜家帶眷逃難。

歷代生命資料圖書區也有清楚的檢索能力，像是能夠選擇物種、年代、地區、性別、專長領域、社會影響力、革命／改革活動、極端體驗、安全體驗、平凡體驗、失誤範本、啟發與扭轉困局方式……讓靈魂可以快速篩選出想要理解的人生範本。

大多數靈魂規劃人生的失誤在於，祂們太過理想化了。靈魂在自己的星球和境界、甚至是其他的宇宙中，極少會體驗到「飢餓」、「有限的生命」等感受。具有壓力的世界極為稀少，多數世界的體驗都和豐盛、心想事成有關，畢竟靈魂是永恆的，感到開心就會充滿能量，自給自足。

靈魂很難想像，自己沒有經歷過的事情。地球的生命有限，活著就會有生老病死，尤其地球的物種繁衍速度很快，競爭也就強烈，同類太多，就要爭奪有限的地球資源，因此會有相當大的生存壓力。

過度的壓力會導致焦慮、恐懼、不安全感、悲哀和絕望、無力感、自責和自我傷害，形成往內退縮的封閉能量，造成失去和周遭環境的連結。失衡的壓力也會激發競爭意識，成為朝外迸發的能量，以此宣洩壓力，例如見不得人好、嫉妒、造謠毀謗、侵略性、搶奪、暴力甚至謀殺行為。

如果靈魂依舊帶著「我是永恆的，我心想事成、我完美無瑕」的思維，只搜尋「成功」、「厲害」、「被大家喜歡」這樣的關鍵字，只看好的一面，毫無危機意識，那麼成為人類之後，就會產生極為強烈的挫折感。反過來，心思縝密的靈魂會嘗試尋找「失敗的人生案例」、「生存壓力」等關鍵字，就會發現把自己設定得很厲害，也容易被嫉妒、被潑髒水、被誤會、大家都把工作推給你、被霸凌……

生存壓力以及競爭意識，會使人產生不平衡的感受，只有當過人才知道內心壓力的變動性。無論如何，以上的情感都是正常的反應，重點是，靈魂該如何控制對人性的拿捏和提防？

成為人，就會有「人性」的一面。像是看到厲害的人就不舒服，感覺到自己匱乏，想要挑毛病做人身攻擊，甚至是聯合其他人，對優秀人才做出傷害行為，以感受自身的優越。

人類是群聚動物，如果道德良心沒有被靈魂控制好，也就容易挑撥離間、偷雞摸狗、中飽私囊，期望以此得到社群認同。有壓力說說閒話沒關係，只是要怎麼說、要怎麼想，才不會害到別人？而自己的壓力又該如何化解，或者能被他人接納？至少壓力不要累積到變成傷害自己和傷害他人的因素。

身為人的挫折與經驗，都有靈魂志工在旁邊提供建議和宣導，建議新來的靈魂務必得搜尋避免傷害的關鍵字：「化解霸凌危機的能力」、「貴人運」、「轉職運」、「有效溝通的能力」……只是聽到宣導，依然有為數不少的靈魂覺得「自己不會那麼笨」、「只要有愛就會成功」、「愛能解決一切問題」的思維。不願接受前輩的意見，也是沒辦法的事。新來的靈魂都會有太過單純的傾向，就怕單純又太心急，沒心思做功課做足準備，總是要吃一次虧之後，之後就懂得謹慎了。[2]

印記借閱觀摩區+休息區

靈魂都會「理想化」自己在壓力下應該會成為什麼模樣，因此理想跟實際的差距在哪裡？有前輩達成你想要的目的嗎？最好的方式就是借取前輩的人生範本來觀摩。

靈魂從歷代生命資料圖書區找出想要的資料，收入筆記本之後，就能到印記借閱區。這裡充滿一個個大型半透明泡泡，靈魂們拿著筆記本陸續進入單顆泡泡，體驗筆記本指定的借閱記憶。印記的下載只有一瞬間，白光閃過，接著泡泡破滅，靈魂會由志工扶著到旁邊的休息區躺一會兒。

印記借閱區的體驗會加入輪迴的機制——「遺忘自己身為靈魂」的設定，以完全地投入「印記」的體驗。這是和地球能量體驗區的最大差異。在印記借閱區會經歷深刻的主觀感受，包含創傷衝擊，相比之下，地球能量體驗區就像看窗外風景輕盈沒有負擔。

也是因為印記借閱區的深入其境，會帶給靈魂相當大的壓力，鄰近的休息區就像一片瀰漫溫柔療癒香氣的草原，宛如沐浴室，清爽潔淨的能量如細雨灑落，清除靈魂的壓力。

一旦靈魂休息好，就會回到資訊交換圓桌區和同伴會合，觀察新體驗的印記資料和自己的心得感受，檢討是否累積足夠的經驗值，解決圓桌模擬的問題和事件。或者靈魂也能回到歷代生命資料圖書區，重新選擇印記資料。若是太累了想暫停，想去導覽區、交誼廳休息都可以。

比起實際上的親身體驗，印記終究是借來的記憶，不需要承擔原始記憶的百分百壓力，體驗區還會自動刪減印記帶來的疼痛感和不適的感受，就像是看電影時會

---

2 坊間所談的「阿卡西資料庫」是宇宙其他的生命體所建立的民營資料庫，類似 Google 地圖，公開標示許多靈魂的資訊與背景，但不是每個靈魂都喜歡被別人任意評價、任意公開自己的隱私資訊。尤其有些靈魂能力很強，更容易接到騷擾電話要求提供幫助，因此就會申請修改自己的檔案，佯裝成普通靈魂。

所以「阿卡西資料庫」得到的檔案僅供參考，靈魂輪迴規劃區內的「歷代生命資料圖書區」則是宇宙公家單位的資料，也會保障每一位靈魂的隱私，以匿名處理。

因劇情變化而落淚和悲憤。由於每個靈魂耐痛的承受度不一，有的靈魂可以連續吸收和閱覽印記，有的靈魂嘗試一次就放棄。

印記對應性格相似的靈魂

也有靈魂想要借閱和自己個性截然不同的印記，例如個性怯懦的靈魂想要借閱勇敢大膽的特質，此時泡泡就會擋下靈魂，拒絕讀取。靈魂需要從更基礎的印記中，學習「讓怯懦在某些壓力下累積成勇敢的動力」，不能直接抄捷徑取得「強壯勇敢的特質」。

靈魂能夠借取的前輩記憶，只有「和自己性格相像」的部分。你可以借過去歷史上的偉人、名人、宗教領袖……任何曾經真正存在過的人類全方面的人生體驗，以作觀摩。前提是你要有部分的性格與之雷同。

人的一生中有各種價值觀，例如家庭觀、社會觀、人際觀、戀情觀、職場觀、世界觀……印記借得太多，即使是他人經歷的苦難，也會造成靈魂的負擔，因此靈魂們可以調整印記的壓力值，例如特別放大印記中的「家庭觀」的影響，希望今生以之為借鏡，同時縮小其他價值觀的影響力。那麼這份借來的印記，只有一小部分會特別使你為之動容，其他部分的人生旅程則雲淡風輕。

靈魂們必須透過親自體驗、嘗試，摸索出「我真正需要的」和「實際上的我能辦到」的差異和經驗值。

確定要加入輪迴的靈魂們，會在資料媒合區的圖書館、體驗館待上相當長的時間，例如是要設定辛苦的童年，進而擁有獨立堅決的成年人格；或者是擁有幸福的童年，成年後擁有正向的未來期許。是要設計關係緊密的原生家庭，或者疏離、顛沛流離的際遇？人生的創傷有淺有深，創傷會限制人的發展，卻也能逼出人的潛力。然而壓力過頭，又會導致崩潰和需要他人協助。

有耐心的靈魂會頻繁地借閱印記，思考自己的限度能夠做到多少？或者點到為止？即使閱覽諸多前輩的人生，然而別人的選擇，不等於自己的選擇。

靈魂所借的印記中，有八成以上都是還未進入輪迴時借閱的記憶。另外兩成，是成為人類之後發現自己缺乏相關經驗，可以透過睡眠趕快補加。

印記的借閱數沒有上限，畢竟印記是預習人生。例如明天要去新公司面試，這個新公司對靈魂而言很重要，會成為將來好幾年的經濟來源。靈魂會在人類的睡眠期，趕快借閱跟主管相關的印記，像是主管前世的媽媽記憶、知道主管個性大致上的需求是什麼、該如何和主管對談，期許給主管留下好的印象。

然而對當事者主管而言，你終究不是他的前世媽媽，你只是個陌生人，連靈魂層面都和他沒有任何關係。

不少靈魂帶著臨時抱佛腳的心情，想到什麼議題就借相關印記，希望增加和不同人與靈魂的親密度，意圖產生更緊密的婚姻和家庭關係，被對方視如己出。然而單方面地想要拉攏關係，並不足以增加對方的信任度。

人與人之間、靈魂與靈魂之間，終究需要在靈界跟人界，從頭開始經營人際關係，不能單靠借印記維持。因此很容易見到，認真借了數百份印記的靈魂，總是感覺很累，自認對人類很有心得，以為自己是老靈魂，但其實是第一次當人類。實際上在生活層面跟其他人互動，總是產生誤會跟隔閡，缺乏實戰能力，不善與人交流。

平行宇宙、多重宇宙

印記借閱區可以提供「平行宇宙」的選項，也就是借閱前輩的人生體驗之後，在模擬測試裡做出自己的選擇，看看會是自己想要的發展嗎？例如，你借閱美國甘迺迪總統的人生印記，你讓自己對槍擊有所警覺而避免被刺殺的發展。但接下來你又該如何帶領國家和人民繼續前進？歷史會在模擬中因你而改變，而你真的能創造更好的歷史嗎？

印記的平行宇宙選項，並不會干擾真實宇宙的時間軸與既定的歷史事件。也因為隨時能夠借閱印記，可以跳躍不同的時空閱覽，你能夠一下子當維京人，接著成為現代日本上班族，再來跳躍回史前時代，然後又成為中世紀的歐洲騎士……靈魂的地球筆記本記錄的體驗順序，不一定按照現實的歷史事件，而是能夠隨意發揮排列。

對靈界而言，讓靈魂扮演過去的歷史角色，重新揣摩社會責任與事件的控管程度，再對比正史的結果，兩者之間的差異性，成為靈魂對「自我的理解」，這才是演練平行宇宙、多重宇宙的精髓。當靈魂從印記得出領悟，即能將經驗深化，並且實際操作在自己的人生中。

急躁的靈魂

急著想要加入地球生態的靈魂，借個一兩份理想化印記，就認為自己能活出理想化的人生。輕忽壓力帶來的變數，很可能拖累其他靈魂的人類人生，像是累積千萬賭債，使全家人都不好過。

因此為了避免靈魂興奮忘我地忽視自己的承受程度，靈魂輪迴規劃區要求，每一位靈魂在設定輪迴時，需要借閱至少五份以上的印記，這五份印記要有不同的性別、身分與階級，以及生活在不同文化和地理地區的差異性，讓筆記本詳細記錄靈魂體驗後心境的變化，可供放入「資訊交換圓桌區」比對。

當靈魂確定好今生人生的主軸——也找好未來的家人跟合作同伴，設定出生和發展的地區，與這群靈魂們在圓桌上排好人生行程，圓桌會持續跳出提醒，建議某些設定和時代規劃有衝突（例如一個國家只會有一個總統當選），若想要成為掌權人士，需要有更多幕僚、靈魂之間的合作，要成為更大、集合社會運動的團體……這一切謹慎的叮嚀，都是希望靈魂們具備落實的能力，為自己的人生，以及共同合作前進的同伴，鋪設更穩定的生命道路。

想要發揮影響力的靈魂

靈魂越是設定巨大的社會格局和改革能力，肯定會牽涉大量的靈魂們，大家得重複地借印記，藉由過往年代的君臣記憶，探討歷史上的失誤在今生又該如何避免？

大家在圓桌上檢討誰還需要什麼特質？有足夠的危機處理能力嗎？彼此真的有足夠默契，能夠妥善應用地球的資源，減緩可能的損失？哪些時間點要相互扶持？如果有其他候選人及團體一起出面爭奪有限的位置，該如何因應？這將會是數千、數萬名靈魂——或者更多的靈魂得反覆切磋，同時開會的大事。

圓桌可以無限擴增面積，進行繁密的計算，確保每一個靈魂的人生行程，都能在大約的時間，進入合作時段，以及相互抒解時代的壓力和業力。

命運的安排

因此人的一生中，所謂的大運、小運、霉運、大難、時代變動，都是在資料媒合區的圓桌上，逐一拼湊而成，牽涉了每一個人和家族成員、親朋好友、合作夥伴、伴侶和子女的關係。

有許多靈魂在圓桌重複的排練跟校對中，覺察到圓桌配合地球的時代流程，有一定比例的規則和順序。對此感到有興趣的靈魂，會整合自身體驗，像是設計程式一樣，把相關智慧帶到人生裡，研發為命理技術。這些靈魂帶著分享的好意，希望自己研發的命理知識，能夠作為人生提醒，鼓勵人們繼續帶著希望前行，做出最好的判斷。

因此，圓桌排程的靈魂資訊，隱藏在我們的出生時間和地區之中，成為一組組命理學能夠參考。只是身為人類之後，命理師難免也涉及人類的觀點，會有個人偏見和利益的介入，使建議不夠客觀。這也是得額外考量的要素。

隨著時代的更替，圓桌內的程式也會因應時代而調整，流傳已久的命理學，其準確度會下降。無論如何，命理推論都是僅供參考，因為真正改變人生的因素，還是取決於人類和靈魂的意志。

地球的時間感

值得注意的是，在靈魂規劃區廣大的腹地中，只有少數區域，像是「資料媒合區」會帶入地球的時間流逝感。在其他的區域，無論你花多少時間感受地球資料庫的一切，當你離開靈魂輪迴規劃區，你身上的計時器、環境的變化，依然停留在離開的那一片刻。

如果靈魂已經有體驗其他地球物種的經驗，像是成為大象、鯨魚、神木等等，體態較為巨大甚至是長壽的生命體，也體驗過成為雲朵、岩石、大地等無機物經驗，都可以加強靈魂對於「慢」、「耐力」和「累積力量」的感受，加強理解地球的能量如何運作。

地球在宇宙星際中實在是非常渺小的星球，來自四面八方的靈魂，通常比地球大多了。有的靈魂原始的質量非常大，大到像是黑洞一樣，祂們就是所在領域的重心，只要專注於自己的想法，便能夠使周遭的能量繞著自己流動，彷彿光線被黑洞吸進去。祂們並不需要配合其他靈魂做事，而是其他靈魂需要為其服務。

然而在地球的生態中，眾生平等。是靈魂們要配合地球的演進，以地球的需求優先，配合地球的時代安排之後，才安置自己的生命規劃。時間的限制，使靈魂們深刻地感受到，地球的時代並不會等待祂們，靈魂得自己摸透合作的方式，這也是一種學習——畢竟成為人類之後，多的是要與人合作和群體連結的情況，需要妥協、溝通、主動爭取機會，甚至是退讓的可能性。

理解大質量的靈魂對交際並不熟悉，靈魂規劃區還是有所通融，資料媒合區的時間流逝速度，約為正常地球時間的十五倍慢，讓處在不同時區的靈魂們可以在自己的人類載體入睡之後，重新回來資料媒合區開會和討論，以及能夠另外借取印記，提前預習、補充未來需要的經驗。

即使如此，地球時間感的設定，依然讓不少靈魂受挫。祂們太習慣讓周遭一切配合自己、看自己的臉色，祂們只得從頭開始練習觀察時間，學習控制工作行程。尤其和其他靈魂合作，更要相互督促，得在約定好的時間內，把各自需要的體驗和資料找齊，重複再三地放上圓桌排程校對，確保任何突發狀況都有挽救措施。

如果資料嚴重遲交，靈魂就無法加入輪迴，說好的合作斷尾，連帶造成其他靈魂的困擾。也有可能是，靈魂累積的經驗和能力，並不符合時代需求的人物設定，例如本來預計擔任的時代角色，在資料籌備不及、人際網路還無法支持事業的狀態下，只能取消角色位置，原來的機會讓給其他爭取者，當事者靈魂只能取消輪迴，或者退而求其次，當個普通人，失去站上社會地位的機運，沒有影響世界格局的能力。往往這樣的靈魂和人，對於人生都有種強烈的扼腕和不甘心：「我應該要很強很厲害，然而現在的我卻不是如此……」

機會是爭取來的，無論是生前規劃，或者出生後的實際發展。一旦靈魂輕忽地球的難度，地球有最終選擇權，挑選適合未來發展的人選。總是有靈魂粗心大意而錯失機會，因此生命才有所變數。在地球上，生命能夠展現的一切，都是持續的耐力賽，自律、尊重地球的時間以及對自己永不放棄的心意。所以有非常多不服輸的大質量靈魂，主觀認定地球時間感的設定太糟糕、太麻煩了，不想當人類，因此彈出靈魂輪迴規劃區，想透過自己的強大力量，試圖干預地球的時代議程。

幸好地球保護區的設定，能夠把祂們的控制慾擋住。時間感的設定，也是排除不願意遵守團體規則，能力又過於強大的靈魂，避免祂們唯我獨尊的思維，過度操控其他生命的可能性。地球，希望參與時代議題的每一位靈魂，都有願意合作、互相提拔的意識，彼此之間平等，要靠各自努力，習慣地球的能量和規則。

然而資訊交換圓桌能做的終究是沙盤推演，實際上靈魂真的能如預計中，活出想要的人生嗎？能創造群體期待的未來嗎？此時就要進入長老議會成員討論區——

讓管理靈魂輪迴規劃區的星球公務人員，逐一和每一位靈魂討論祂們對自己以及對地球的期望。

長老議會成員討論區

當靈魂們準備好成為人類的資料，會和預計合作的所有靈魂一起來到有如巨大殿堂的白色會議室。

如果需要調閱資料，會議室中間就會浮出長桌，如同資訊交換圓桌，白淨的長桌可以進行更細節的探討，像是每日的心境變化，與周遭環境人事物的關係，而不僅是大範圍的人生排程。靈魂長老會加入祂們的經驗分析。

靈魂長老們平時就會關注資訊交換圓桌區，已經對重複探討人生的靈魂們有所了解。會議中，長老會針對更細節的情感關係，例如父母、伴侶、子女的牽絆，誰會特別依賴誰，依賴的需求與深度，還有雙方該如何變得更加契合，以避免過度創傷，導致關係不如預期。

長老議會成員並非民選機制，這裡的長老靈魂，可以視為宇宙單位的公務人員，屬於星球規劃團隊成員，直接服務地球的意志。如果要用維度來區別長老們的能量狀態，約為九到十二維度，祂們在這個宇宙中像是教授的身分，都是資歷非常深的前輩靈魂們，每一位都有塑造星球、星系和宇宙的經驗，對靈魂成長茁壯的歷程非常熟悉。

靈魂長老甚至能夠直接調閱靈魂在其他星球的經歷，或者靈魂獨自旅行時自己私下做的隱匿事——在宇宙中沒有任何的祕密，靈魂們的思考、感受都會影響宇宙每一分寸細緻的能量波動，宇宙會記錄所有靈魂的所作所為，只有品行道德能夠和宇宙有所共鳴的靈魂長老，能夠取得相關資訊。正因為能夠獲得相當多的隱私，長老們也需要為靈魂們守密。

靈魂長老很清楚，靈魂們在合作中，多少會隱蔽自己曾做過的虧心事，或者高估自己的承受能力，甚至為了顏面而虛張聲勢。但是祂們的同伴不知道，或者連自己都不願承認，那麼以上的問題，極有可能在成為人類之後成為未爆彈。靈魂長老重視的是「抗壓力」——在人際中感受到的人情壓力、體弱病痛的痛楚壓力、生存受到緊急威脅的壓力，以上三種壓力是截然不同的現象。什麼程度的壓力會讓你想逃跑？什麼種類的壓力能使你更堅毅地對抗？如何給予恰當的壓力，使你願意接納並轉變為成長的推力？對壓力的評估，是多數靈魂缺乏的能力。在不同的壓力數值之下，靈魂能否保持清明的思考和精準的判斷力，善用環境和他人的連結，這份能

中間位置的是會議主導，通常是靈魂們的輔導長老，
提供當事者精神上的支持（能量與其同在），
也會以當事者角度回答其他長老的提問。
探討的主題不同，會改變長老們的排序位置。

越往內側（中央）的長老，越深入了解體驗者靈魂的一生規劃。
開會只有幾位長老會提出自己的看法和建議。

力直接決定人生道路的完成度。

於是在開會過程中，靈魂長老們會靈魂分組，有時候舉辦活動，像是辯論與遊戲，引導靈魂們在互動裡，更理解同伴的壓力狀態，接著在活動過後，長老們再和靈魂們逐一溝通。舉例來說，原本預計要成為手足的靈魂，其實生活態度截然不同，祂們更適合當鄰居與同學，要有適當的距離，否則會因為過度緊密的摩擦而生恨。

被點出潛在的問題時，很多靈魂都會感到羞愧，擔心被看透，或者不安而懊惱，引起一陣騷動。幸好靈魂長老的能量威望又充滿慈悲，足以控場。靈魂們都會尊重地安靜傾聽靈魂長老的建議，嘗試解釋自己的狀態，不敢逃避也不敢妄為。

靈魂長老會建議靈魂除了借印記、成為動物累積對地球的理解之外，還有其他能夠幫助同伴的選項，例如成為對方的指導靈等等可能性。只是有的靈魂覺得，自己已經在資訊交換圓桌區花了非常多的心力，不情願再接受靈魂長老的意見，靈魂長老也會尊重祂們的想法。畢竟資訊交換圓桌區大致審核通過，靈魂們就可以安排輪迴，靈魂長老們的建議，只是想補充靈魂們可能忽視的細節。因此靈魂們是否願意接受靈魂長老的建議，都沒有關係。

靈魂長老還會私下討論，挑出適合當事者靈魂的輔導長老。未來在人生上有任何挫折和意外，都可以緊急聯絡靈魂長老，能夠在人類睡眠期和輔導長老開會，看看是否有補救的機會。當然，只有靈魂主動發出求救和詢問，靈魂長老才會回應，祂們同樣尊重靈魂不想求救的意願。

Mulo的經驗

每位長老都會有主要工作和兼職。我的靈魂Mulo也是靈魂長老議會成員，Mulo大部分的靈界工作，都是照顧地球的自然生態平衡，偶爾兼差當靈魂長老。Mulo會輔導的靈魂，都是想要體驗極端的人生，例如革命人士，或者在社會頂層有相當的成就，又能兼顧照顧他人。Mulo提供的建議都和無形資源的收集、人際心性的培養有關。今生的小湛我就保有輔導大量靈魂的記憶。

靈魂長老們不定時地輪流下來當人類，以主觀角度記錄當代社會結構的變化，我這一生也是Mulo刻意的安排，以致我的家庭背景、職場經歷都很戲劇化，但又都能夠順利地度過。我的人生也就成為一份經驗和模範，提供給其他靈魂參考。

現任靈魂長老輪迴成為的人類，都很安於平凡人的生活，不至於有太大的生活壓力。如此一來，才能在人類入睡時，靈魂長老還有餘力繼續在靈界提供服務。反而成為人類社會的掌權人士，每一日結束之後，靈魂承擔的壓力都大到得在靈界好好休息，只能維持簡單的靈魂社交，將所有的力氣都拿來面對人類的生活。

靈魂長老的工作能力

現階段在長老議會成員討論區任職的長老約有三百多位，祂們的能量體積，能夠同時分身數十萬，參加各種大大小小的靈魂會議，安排和主持各方靈魂的活動。靈魂會議中見到的靈魂長老最少三位，最多到九位。當靈魂結束人類的一生，人生經驗的總結非常重要，會有十位以上的長老參與討論。

假如這一生扮演的是掌權人士，牽涉國家社會鬥爭，要探討的層面甚至可達到一對三、四十位靈魂長老的交流，逐步探討這一生創造多少機會，卻也扼殺了多少機會，以及面對懊悔的事件，靈魂對權力、慾望、內心恐懼的轉折。長老議會的存在，是為了提供靈魂更多情感與經驗的支持，增加新的眼界的可能性。

靈魂輪迴規劃區⑤——靈魂會議區

靈魂會議區僅提供「正進行地球輪迴階段」的靈魂們使用。這裡是人類載體進入睡眠期，靈魂暫時回到靈界休息的區域。因為在地球的生活與生存壓力太大太深了，睡眠時靈魂和肉體依然保持連結，一旦回到靈界，靈魂身上殘餘的載體壓力，很容易擴散開來，所以要特別限制壓力影響的範圍。

靈魂會議區的場域有一部分和生命排程會議區重疊，方便靈魂們在人身入睡之後，回到靈界尋找資料，重新借印記和規劃排程。

休息區

靈魂會議區的場域會加強靈魂的壓力代謝，又結合一部分的休息區能量，使靈魂沐浴療癒的光雨，能在最短的時間內恢復精神。

在靈魂會議區，生命排程會議區分成上下兩樓，上層是還未當人類的靈魂，下層是已經當人類的靈魂，上下兩層可以相互對話互動。

已經成為人類的靈魂，如果想要尋找未出世的孩子的靈魂，就會在重疊的區域尋找可合作的對象，在指定的社群內搜尋有意願的靈魂，也能一起坐上資訊交換圓桌區，討論未來的發展，當然也能在其後一起進入長老議會成員討論區做後續交流。

夢境區

夢境區就像門口的玄關，只占了地球的靈魂輪迴規劃區很小的區塊，提供靈魂轉身、脫下鞋子與大衣，抖落塵埃，卸下在人類生活的煩惱與壓力，最後返回靈魂輪迴規劃區休息。

靈魂與人類大腦的整合程度，決定人類醒來之後記不記得夢，或者只記得淺層夢境（大腦磁碟重組、釋放壓力）或深層夢境（依稀記得靈魂在靈界的活動和體驗）。若是醒來後對夢毫無印象，代表身體有澈底放鬆休息，靈魂也有在靈界休息到。

夢境區也分幾個層次：個人的、團體的，或者是集體意識。

生活上密切交流的人們，經常煩惱同一件事情，或者是為對方著想，腦波、心念的頻道接近，也就容易進入對方的夢裡。這包含已經往生的人類意識，雖然身體的壽命結束了，仍對某些人某些事有所掛念，這份牽繫的能量就會在夢境中透露出來，成為提醒。

然而亡者的托夢對象，還是要尋找壓力比較低的人才能夠托夢。因為情緒壓力太多，如太悲傷、自責跟恐懼，就像是一層厚重的迷霧，阻擋亡者的訊息傳遞。

集體意識的夢境，往往跟當地人所恐懼、擔憂的事情有關，例如夢到地震、戰爭，以及預期中可能會發生的衝突。這樣的夢境，也是在釋放集體潛意識的壓力。

預知夢是靈魂在資訊交換圓桌區安排未來發展時設定的錨定點，確保人生每一片刻的發展都在預料之中。

夢境是一窺靈魂在靈界活動的門扉，甚至有些重複夢到的夢境，和前世記憶、家族議題有關，有時候靈魂長老以及指導靈，也會透過夢境提醒人類需要重視的細節。夢境在絕大部分的狀態下，都在釋放身體的潛意識壓力。如果對人生非常重要，是帶著提醒跟警告的夢境，你會重複夢到，直到你醒來後依然記得。反之，大部分的夢你只會做過一次，只要不會影響到日常生活，就不需要放在心上。

惡夢雖然是正常地抒解壓力，其實也是改變的契機。做了惡夢醒來，你可以立刻回想夢中的場景，自己是否可以發揮想像力，擊退夢中威脅你的人事物？惡夢意味你有一部分能量被壓制、無法伸張，所以可以在醒來之後，用力展現自己的反擊和對抗，再荒謬的劇情都沒關係。不用擔心傷害別人，你只是在對抗你的壓力，當你改變夢的走向，就會取回自己一部分的力量。

每一天晚上，人類的覺知都會在睡眠中和靈魂整合。然而作息、飲食、健康、情緒的狀態，都會導致每一次睡眠和靈魂整合的百分比不同。長期有睡眠障礙的人，靈魂則會透過晃神的時刻回去靈界，只是靈魂也會累得很難全神貫注，難在靈魂規劃區久留，或者只能躺在休息區安歇。

如果想加強和靈魂的整合，首先要注重睡眠品質和保持穩定的作息，先從照顧好身心做起，尤其情緒的照顧。情緒與壓力，往往是覺知和靈魂之間最大的隔閡，因此生活上安排抒壓的管道，無論是透過運動或者尋找諮商心理師，只要能傾吐心

今晚有家庭人生討論，如今你可以一起參加。
我需要準備什麼嗎？
等會見到人身父母和手足的靈魂，可以觀察靈魂與人類的差別。
我們到囉，各位這麼早到呀。
原來晚上睡眠整合之後，是長這樣子呀？
快點，怎麼這麼慢？
小湛人類老爸的臉
趕緊討論家族資源的分配，我們老了需要更多的健康。
小湛人類老媽的臉
大部分人類的覺知，缺乏覺察力的鍛鍊，與大腦意識混在一起，覺知非常疲累與弱小。
我既然是小湛人生的主導，她的大腦意識也在我這邊休息，
你是她的覺知和潛意識，長大到分家出來啦。
哇喔！是我自己，好奇怪的感覺！
睡著的小湛大腦意識

聲和宣洩生活壓力，都是不錯的方式。把焦點放在照顧身體、照顧情緒，都會加強覺知及靈魂的整合，而能夠更清楚地記得夢境，當整合的同步率提升到一定程度，甚至會記得在靈魂輪迴規劃區內的經歷。

娛樂區

靈魂會議區還有一處獨有的空間，名為娛樂區。

人類的生活型態豐富精彩，科技與生活用品使許多靈魂大開眼界，畢竟不是每顆星球都這麼熱鬧。靈魂在這裡建設出「模擬地球」，像是大型娛樂遊戲區，或許人類的自己沒有足夠財力成為富豪享受人生，但在這裡，靈魂想成為什麼樣子的人都可以，應有盡有。

在這裡，靈魂可以享受扮演另一種人生，像是電影《駭客任務》，可以隨時切換劇情、隨時變身，沒有任何身分地位和血緣的負擔。在這裡也是認識新朋友的機會，靈魂們可以玩競爭遊戲而不會受傷，或者創造單人遊戲盡情發洩身為人類的壓力，有非常多種可能性。

有的靈魂厭倦人類的生活型態，想變成仙人或變成飛鳥在高山峻嶺間翱翔也沒問題，甚至能重返恐龍時代，以及更早期的地球歷史。這裡也結合一部分導覽區的資料，讓靈魂們充分發揮想像力抒發壓力，又不至於承擔印記的沉重。

難免會有靈魂覺得生活壓力太大，很累很煩不想回去當地球人的狀況，為了避免靈魂和載體長期失聯變成植物人，靈魂會議區都會倒數計時，強制把靈魂送回人類體內，使人們甦醒。

拒絕回到人體內的靈魂

植物人，還有放棄生存症候群（resignation syndrome）這種一睡不醒的現象，往往是靈魂在人類的體驗中受到極大驚嚇和創傷，壓力累積到痛苦得拒絕回到身體內。

然而人類的壽命還沒結束，人的身體能量場依然需要在無形中支持周遭家人和環境的能量，提供靈魂資源等協助，這些早在圓桌排程上緊密相連，否則會拖累其他的靈魂與人類的生命規劃。

有些靈魂是成群結隊一起來到地球體驗，本來說好要一起創造人生格局。然而靈魂們在成為人類之後，發現環境壓力和未來的變動，不如剛開始所想。尤其是愛好和平的靈魂，沒有準備好面對未來的衝突和險峻的挑戰，立刻決定放棄人生。

祂們有的一做出決定，其他的同伴也做出同樣決定，全體陸續以消極睡眠的方式面對人生。一九九〇年首度記載出現在瑞典難民兒童身上，被描述為「文化束縛綜合症」，受影響的兒童或青少年表現出焦慮、嗜睡症狀，有的呈現對環境漠不關心的疏離，逐漸遠離他人，最終發展成昏迷、大小便失禁。然而其人類的覺知依然留在身體內，對環境有所感知。只是靈魂的拒絕合作，沒辦法讓小小的人類覺知整合身體能量甦醒。

暫時遺忘痛苦

靈魂長老不會強迫受傷的靈魂非得回到人生崗位，而是建議其他後備方案，那就是「遺忘痛苦」。透過深層睡眠之後醒來，人類會發現本來很煩惱、絕望的事情似乎沒有想像中那麼重要，彷彿重生似的——這個措施是「將痛苦的檔案封存」，延後處理問題。或許現在的此刻，靈魂與人類都不知道該如何面對事件和打擊，至少先把情緒和生活照顧好。延後的時程不一定，可能隔幾年再被類似的事件觸發，或者延後到下輩子面對。

畢竟這趟人生旅程中發生的一切，都是靈魂決定發生的，當時的失誤，就得靠未來補救，只是要找什麼方式補救和加強？所有的摸索和嘗試，都是靈魂成長的一部分。

靈界，是一個更重視永恆和精神層次的領域，你永遠能夠再次嘗試，這次做不

能量場是由心輪／靈魂的錨定點，四面八方擴展。

我可以從每個人的能量場外表，看出靈魂在地球的適應能力。
心輪
人類的能量場結構，會展現靈魂整理自己人類壓力的技術。

靈魂進修技術也很重要，
進修是願意更了解人類層面的
情緒和壓力控管。

外在
壓力
被彈走
內在壓力
順利排出去

壓力
持續進入
內在壓力
無法順利排除

熟悉自己能量和地球能量的靈魂，能讓能量場內外壓力平衡，使表面光滑，有效阻擋環境壓力與其他人類的負面情緒。人類的心態也常保和平，情緒流動自在。

不熟悉自己能量的靈魂，也不曉得該如何熟悉地球的能量場，可能使能量場的結構過硬，或者過度柔軟。以至於能量場邊緣毛躁，壓力容易囤積，情緒經常焦慮、易怒或沮喪。

到就延後，總有一天，累積的壓力會迫使靈魂不得不面對內心的痛苦。求救也是需要練習的，相信其他靈魂能夠協助自己，也是需要學習的。

靈魂終究是更大一層的人類面向，具有情感的多樣化，靈魂也會有煩惱與抗拒，和不想面對的事情。因此人類在日常生活中的學習，其實都是在加強自己靈魂缺乏的經驗，人類與靈魂，是一起成長邁進的，沒有誰是全方位的主導。

靈魂輪迴規劃區⑥——宇宙進修輔導區

宇宙進修輔導區是近代新增的區域。這裡分成兩大區：短期資源搜集和長程生涯規劃。這裡也分成上下兩樓，讓「還未輪迴」和「已經加入輪迴」的靈魂們能夠一起參考。

有別於導覽會議廳和印記借閱觀摩區，宇宙進修輔導區提供其他星球的文明和知識紀錄，將和地球歷史接近的星際文化、常見的文明衝突現象、戰爭和溝通技術、療癒和支持的社會架構，做完善的分類比對，讓靈魂們參考其他世界和物種同心協力克服挑戰的經驗。

短期資源搜集區

大部分的靈魂都習慣用自己的特質生活，像是來自激烈風暴的星球，也習慣用激烈衝撞的方式和周遭的人對抗／交流，以致格格不入、痛苦不已。靈魂可以來到短期資源搜集區，查看他所屬的能量特質和天賦，尋找與自己有著相關特質的靈魂前輩們，在進入能量遲緩僵硬的世界，是如何成功克服格格不入的感覺？該如何放緩速度，或者降低壓力，避免招致誤會？

這裡依照能量特質分類，靈魂只要拿出地球筆記本，筆記本就會搜尋相關資料，此外這裡也有一排圓桌，能夠調閱其他星球的資訊，並且提供靈魂進修資訊，像是使用新的技術修補人類能量場，使人類能量場和藹可親，降低對其他人的威脅感。

除了外在保養，地球筆記本也會在圓桌調閱其他星球文化以及時代歷程，檢閱和自己特質相似的其他靈魂，如何在各式各樣的星球順利生活，擁有受到愛戴和尊重的特質？自己想要的，別人是如何做到？以此作為借鑑。這裡也能借閱部分的外星印記，使靈魂感同身受，加強經驗與實作印象。

另外，由於地球的能量沉重，導致適應不良的靈魂累積相當多的業力，人與人之間充滿誤解和壓力，持續的地球輪迴又使靈魂痛苦不堪，在短期資源搜集區，也提供靈魂新的選項。

每顆星球都有類似業力的能量循環，不同的星球有不同化解的方式。業力沉重的靈魂可以調閱相關資料，看能量與自己相仿的靈魂是如何突破業力的慣性和壓力，從其他星球畢業。甚至如果靈魂願意，可以申請短期進修，前往其他星球取材。由於每顆星球的重力、太陽系、星系引力不同，時間可以被重新調配。只需要人類睡眠的一個晚上，或者陸續幾個晚上的睡眠時間，就可以經歷外星文明的一生。

當靈魂結束短期外星進修，就需要再次實踐於日常生活中，調整人類生活的心態與行事方式，讓靈魂長老看見靈魂想改變的決心，就可以再次申請短期進修，到其他世界逛逛，增加新的體驗，擴充感知。靈魂長老在這個區域，會更密切地和靈魂們保持聯絡，提供任何有助於突破現況的選項。

長程生涯規劃區

長程生涯規劃區，則會有靈魂長老和即將從地球畢業的靈魂們，討論結束地球旅程之後，能夠前往的星球。看是要遊玩抒壓，或者進修發掘自己的潛能。星際多的是有趣和好玩的世界，例如高科技文明與自然生態區，靈魂能在這裡閱覽期待前往的世界的資料，但是有的世界需要靈魂調整頻率，像是從五維度前往七維度。

靈魂長老會在這裡提供講義和教學，靈魂可以在人類睡眠期過來進修，像是寫考卷一樣，慢慢累積調整頻率的技術。等到人生結束之後，可以直接前往嚮往的星球體驗，並且獲得靈魂長老的推薦函，將來能夠在新的星球靈魂輪迴規劃區，得到優先錄取的機會。

由於靈魂的壽命無限，因此以上的學習探索，都沒有時間限制。靈魂輪迴規劃區盡可能提供所有支援，無論是出生前輔導，睡眠後的靈魂集會，以及人類結束一生後的靈魂會議，祂們希望每個人與靈魂，都能勇敢表達自己的需求，祂們才能夠針對問題給予建議和支持。

人類使用說明書

每一名成為地球物種的靈魂，在確定加入輪迴以後，圓桌就會將全部測試的體驗資料、所有區域和導覽的介紹，濃縮整理成「地球能量使用說明書」，收入地球筆記本中，靈魂可以隨時拿出來檢視。

若是選擇成為人類，則會有「人類使用說明書」，詳細介紹人類身體各個部位的保養、年紀、內分泌激素和壓力情緒等等的關聯性，也會記載人體祖先們的習性，業力與福報等影響，還有和親朋好友、手足、遠房親戚等的生活與身體狀況、預計的壽命長短、運勢的高與低、建議該如何相互支持、靈魂們何時要固定開會討論……簡言之，就像是把星球時代公布欄、導覽會議廳、地球能量體驗、生命排程會議、靈魂會議區、宇宙進修輔導區六大區的內容全部濃縮起來。

靈魂在地球的每分每秒、在人類身邊和在靈界活動的跡象，全都會收入筆記本中。如果要具象化地球筆記本內容的資料厚度，以人類的書籍來比喻，至少是三層樓到四層樓高的書頁。倘若靈魂有地球的前世歷程，厚度又會再增加。

地球筆記本的檔案，都會收錄地球靈魂輪迴規劃區的雲端紀錄，每天更新檔案，提醒新插入的時代流程，哪些時刻會提前或者延後，需要靈魂主動翻閱。雖然靈魂閱讀速度很快，但不是每個靈魂都有閱讀說明書和收集資料、研究內容的習慣。因此雖然資料眾多，卻依然有許多靈魂不知道該如何適應地球生活。

若靈魂沒有足夠的耐心理解地球保持更新的能量，也就會疏忽對人類載體的關注，久而久之，人類可能會偏離人生藍圖，沒有預估的順利。幸好人類還有靈魂團隊，能夠支持我們的靈魂，重新校正人生藍圖。

CHAPTER

02

靈魂團隊

只要在地球上，身為人類，都有專屬於你的靈魂團隊。

不是每一顆星球的生命體都有靈魂團隊支持。是在能量較為沉重、能量循環嚴謹（業力因果沉重）的地區，星球輪迴規劃區才會新增靈魂團隊的選項，地球正好符合這樣的標準。若星球的能量輕盈，生活難度並不高，就不需要靈魂團隊「指導靈」與「守護靈」輔佐。

地球除了物質界（人類生活圈）、靈界（精靈界，例如龍族生活的層次）還有其他境界，具有多樣的彈性選擇，使靈魂得以主觀、旁觀體驗和學習，活用工具來認識自我。即使只當指導靈和守護靈，協助其他人類生活，亦能獲得大量經驗值。

以比喻來說：人類的身體就像是公司，人類的靈魂是公司老闆。指導靈彷彿員工來來去去，也會上下班打卡。守護靈則是公司大門的守衛，擋下外在干擾，確保公司內部正常運作。

人類的身體，是地球提供的元素。地球分出一部分提供給靈魂，使靈魂透過輪迴學習和地球的能量共處。透過靈魂實際運用，這個身體產生全新的感知，提升地球整體的成長和經驗。可以這麼說：人類的我們，集合靈魂的智慧與地球的精華而誕生。人類和靈魂、地球同步成長，共同學習，擴展體驗。這並不容易，尤其絕大多數來自輕盈世界的靈魂們，對扎實、厚重的地球能量很是陌生，於是我們的靈魂，在指導靈、守護靈的輔助之下，共同安排人生機緣的種種，決定人生如何執行。

這篇章節將會詳細介紹輔佐我們人生的幫手：靈魂團隊的成員。

（一）守護靈

身體能量場的守護者，輪迴規劃區通道的警衛

守護靈是第一個和人類層次接觸的靈魂團隊成員。當胚胎來到媽媽子宮裡二到三個月，靈魂開始錨定於胚胎，守護靈會來到胚胎旁邊，把地球的肉體制定為靈魂想要的模樣。靈魂的意志和藍圖規劃，決定了胚胎的ＤＮＡ是否正常運作，在未來人生的喜怒哀樂、命運跌宕之中，讓靈魂能與身體一致，避免在大喜大悲中靈肉分離。

守護靈會隔絕外在有害能量跟環境情緒，甚至能保護人類的身體不受他人的意念干擾。不過這份保護，也有承受壓力的上限。第二重要的工作，就是審查指導靈們的交接，讓前來服務的指導靈在安全的環境下工作。

守護靈保護個人能量場同時，也會依照靈魂當初設定人生的規劃，將每一日、

我新來的，可以幫我介紹其他專業人士，協助我一起照顧人生好嗎？
請幫我填寫基本資料，勾選你想要申請的服務，以及希望配合的性格條件。
配額聘來的指導靈，工作時間都排滿了。祂們同時服務數十戶人家，單純公事公辦。想要有感情交流的靈魂，還是建議從交誼廳中重新交友。
排隊處
靈魂規劃
諮詢服務台

#靈魂可能是光體、外星人，甚至氣體，聲音等各種樣貌。
人形物種在宇宙中占非常少數，為了方便介紹，靈魂皆畫為人形。

哇！有簡約方案、冒險方案，平凡方案，以及高級方案！影響力想越大，靈魂團隊成員就越多！
只是當個平均壽命不到百年的物種，那就玩個冒險刺激的吧！
高估自己的靈魂，當人類就會哭了。

靈魂就像公司老闆，有自我的世界觀。
人生像是經營公司，身體就是公司建築，
守護靈是警衛，指導靈像是員工。

Boss
老闆的權限很大，更不能亂來，要制定好團隊規則，待遇也要敢給，才能留住好人才。

指導靈中也有見習指導靈，像是別人家的指導靈過來學習精進的整理人身能量技術。見習指導靈不需要負擔任何工作，只要在旁邊觀摩、抄筆記和發問。祂們不需要付出和收取任何地球代幣，只要有好學向上的心意就好。

能量場內是否有見習指導靈，就看靈魂能否通融，以及正職指導靈是否願意教學。

小湛家就有非常多見習指導靈，而我習慣安靜專心過自己的生活，不太會理祂們。

我家的守護靈由雷利長老協助擔任。
據說守門的氣勢很可怕，嚇哭好幾位見習指導靈。

指導靈們就像員工，上工時間都不同，也會彼此分組分工，相互搭檔。

每一個時段需要的靈魂資源（地球代幣）[3]妥善安排。例如人生三十歲之後走大運，靈魂每日可提款的資源額度變大，守護靈可以將放大的額度拿來加強人類的健康，獲得強健的代謝能力、流暢的思緒，甚至使人類氣場更友善，引人喜愛。

守護靈像是能量場的門戶管理者，保護人類能量場的三大層次：

● **靈魂層次：**

確保今世靈魂資源的流動，符合時代流年的地球能量波幅。點名指導靈工作的交接，協調身體能量場配合指導靈的業務，並且以手中的資源抵擋災禍，大事化小、小事化無。

如果靈魂沒有提供足夠資源，也只能讓災禍發生。守護靈畢竟是門戶管理者，不是肉盾。所有人生中可能發生的災難，靈魂在輪迴區的圓桌排演中都能預見，只是有沒有準備好資源罷了。

● **覺知層次：**

人們精神上牽掛、羨慕、憎恨他人、焦慮不安等等，在壓力下分散的情緒能量都會佚失，守護靈會把飄走的部分標記，讓分散的碎片有機會回來。守護靈身兼會計，計算人類生前死後的能量流失狀況，盡可能地把傷害減到最低，並提醒老闆（靈魂）重視開源節流。

● **身體層次：**

鞏固靈魂與精神、體感的平衡，使身心靈聚合，維繫身體能量（包括脈輪）運轉順利。只是身體的能量運作，得看先天靈魂在輪迴區的仔細規劃與否，如果靈魂粗心大意，人類又不愛惜身體，守護靈的協助僅能點到為止。

守護靈能做的幫助，還是依賴先天人生設計的基礎是否穩固，資源和支持是否充足。尤其身體層面的健康，絕大多數可以靠後天補起，需要人類一起努力。

如果發生意外事件，當下守護靈會接受輪迴規劃區的能量（即累積的地球代幣），替人類的能量場導入適當的保護。能量場充電的剎那，會看到白光閃過，或者腦袋一片空白——這是守護靈做出的防衛機制，使大腦不至於受到巨大的衝擊，以及緩和身體遭遇的苦痛。

3 地球代幣是增強人類的某項特質，像是在出生前投資點數。

守護靈從陪伴胚胎開始，直到人類往生。守護靈會在離世的那一剎那，把靈魂的能量全部扛回去輪迴規劃區休息。守護靈要確保靈魂的能量保持在輪迴前後的完整度，照顧人身則是其次的任務。人類的狀態如何，其實靈魂本身要負起最大的責任。

守護靈的培訓

守護靈學校同樣位於交誼廳的社團內，也是靈魂能夠報名進修的身分。但不是所有靈魂都能成為守護靈，成為守護靈之前會經過嚴格的篩選，像是當兵的體檢，要確保靈魂心性穩定、足夠客觀、有堅定的意志和精準的判斷力，能在壓力下堅持崗位，有相當的心性調適能力。守護靈的錄取率不高，其實比當人類更難。有些靈魂想挑戰自己的能耐，就會以成為守護靈為目標。

動物也有守護靈，相對於人類的守護靈，動物的守護靈更像是實習生，還在學習針對生物能量場的靈界管道控制技術。

如果要當人類守護靈，至少要當三次的動物守護靈，先能夠陪伴動物的出生到死亡，再當人類守護靈的實習生五世，也就是以實習生身分跟隨專職守護靈陪伴一個人從出生到死亡，累積人生每一道程序的執行經驗。

真正任職人類的守護靈之前，守護靈實習生還要在三位人類身邊，幫正職守護靈代班一個小時以上。該人類原本的守護靈就像駕訓班教練，坐在副駕駛座看學員如何開車，如果發現苗頭不對，教練會趕緊切換回來保護人身。要三次考試都過關，審核才會通過。

能夠勝任為人類專職守護靈的靈魂，會獲得輪迴規劃區的金色徽章，佩戴金色徽章時，全身籠罩在金色光芒中。一般靈魂則是被輪迴規劃區的白色光芒籠罩。差別非常明顯。

靈魂與守護靈媒合

準備好接受任務的守護靈會佩戴徽章，在輪迴交誼廳等候意圖成為人類的靈魂過來洽詢。雙方會自我介紹，分享人生藍圖規劃，此時守護靈會提供許多建議，畢竟祂會是未來的守門員，如果雙方價值觀不同（涉及地球代幣的資源分配問題），守護靈也能婉拒靈魂的邀約。

沒有守護靈合作，靈魂是不可能進入輪迴的。也可以說，輪迴規劃區透過高標準來培訓守護靈，促使所有的守護靈會謹慎挑選對象，藉此篩選掉一部分沒準備好當人類的靈魂。

想成為公眾人物，像是偶像明星、站上講台的領袖人物，很容易接收到觀眾的投射，如過度的熱情痴迷，以及強烈反感的詛咒，都會累積在當事者的能量場外圍造成負擔。守護靈會依照每個靈魂規劃的人生角色，討論如何善用地球代幣才能保護人類，不至於過度吸收環境壓力，變成人身的負擔。

不過，這也很看靈魂特質，有的靈魂來自剛硬的世界，祂的人類的能量場，可以承擔比較多的壓力，守護靈就會斟酌降低標準。反之，有的靈魂來自輕盈柔軟的世界，祂越是柔軟，守護靈的保護力越是要加強，需要靈魂補充更多的地球代幣，以放大防護的力道。

靈魂和守護靈在輪迴前的諮商，很像價值觀、財務的討論，每位守護靈的資歷不同，要求的地球代幣多寡和討論的重點方向也不一樣。如果雙方難以取得共識，得拉長時間磨合，或者直接換一位新的守護靈從頭評估，也是常有的事。

等整體方向討論得差不多，守護靈都會建議靈魂先一起去當動物，像是當成雙成對的鳥類，有了緊密的感情合作關係，大概了解彼此的個性和分工，再來當人類也不遲。至少，在靈魂進入人生輪迴之前，雙方能累積信任。

靈魂成為人類之後，往往又是另一個模樣，守護靈必要時可以申請支援，請前輩來指點或者請夥伴來代班。總是有的人類個性讓守護靈也看不下去，得先去旁邊冷靜消個火氣，才能維持中立客觀的態度繼續工作。

守護靈協助的靈魂人生藍圖越複雜，輪迴規劃區也會付給守護靈大量的感謝與善意，像是公家單位支付薪水。靈魂本身不需要支付守護靈薪水，但有的靈魂多少會給一點，感恩守護靈的大力支持。

人類之外的守護靈

生活在都市內的動植物靈魂，也曾當過人類。正因為對人類的生活有所留念，或者相識的靈魂也是人類，就有緣分與人類親近。

疲憊想休息的人類覺知碎片，經常選擇當樹木，享受風吹和陽光。因為植物載體的感官比動物簡單，花個幾十年成長，再加上與地球深刻地連結，能夠把前世累積的壓力釋放掉。植物的情緒狀態非常穩定，便不需要守護靈額外看顧。

陸地上的動物，無論是鳥類或兩棲類等，只要生命周期大於五年，也會有守護靈。人類的情緒碎片往往都在陸地上，若是因為戰爭、飛航事件導致的傷亡，掉到海裡的靈魂碎片，也早晚會沖上岸。當靈魂成為海洋生物，就不需要守護靈了，海洋的體驗獨立於陸地的體驗。

成為野生動物的靈魂，幾乎都是新來地球的靈魂，才剛要學習物質載體沉重的生活方式。動物終究有疼痛、驚嚇、生病和死亡的感受，這是其他輕盈世界少有的感官，動物的守護靈能夠保護新來的靈魂減少壓力，在意外事故中降低創傷。

守護靈的責任

守護靈看著人類出生、成長、被環境影響、遭遇背叛、被拋棄，失魂落魄，痛哭失聲，以及面對病痛的惶恐，守護靈只能輕輕地抱著人們安慰。人類身處絕望的谷底時，守護靈們的心情肯定不好過，但祂們必須堅守職責，因為知道所有人生的藍圖規劃，即使當事者是靈媒，能夠收集靈界訊息，守護靈也不能透露太多，所以守護靈幾乎是靈魂團隊中最沉默的存在。

為了保持絕對客觀的立場，必要時，像是人類遭受虐待、充滿痛苦和絕望時刻，守護靈會「關起窗戶」隔絕人類的思維，只看人生計畫的表單行動，在指定時刻接通能量保護人身。這份疏離，同樣導致很多人感受不到守護靈的存在。

守護靈學校會有一系列的保護和安置，守護靈承受的壓力不亞於靈魂，守護靈定時要休息和輪班，也有固定的心理輔導，這部分就會在人類的睡眠時段進行。原本的守護靈在人類睡眠時，會讓守護靈實習生代班，確保守護靈的工作一直都在進行。通常人類醒來前五秒，原本的守護靈就會回到崗位。祂們都很小心地輪班，以免遇到突發的事件，畢竟人類很容易給自己找麻煩，像是摸黑上廁所但是絆倒了。

為了幫助人類生活，輪迴規劃區會發放保護的能量管道給守護靈，守護靈再分配權限給具有證照、允許進入的靈魂團隊成員，例如指導靈。
守護靈
分享wifi
指導靈們
靈魂也會透過守護靈打開管道，前往輪迴規劃區，再轉往其他地區工作。
難怪我去靈界都要請守護靈「開門」！
合法允許進入人類能量場的靈魂團隊成員，就不會造成身體與其靈魂的負擔。祂們原本的能量，統一被輪迴規劃區保護、挪到靈界，數量再多也沒關係。

靈魂結束人類的一生回到靈界休息，若希望留在人間界的覺知碎片早點回歸，就會策劃動物的輪迴，把碎片集中放進去。
動物的感知沒有人類精細。當這些覺知碎片進入動物身體，就像是透過動物的感受，慢慢淨化前世身為人類的感知。
米粒貓的守護靈，以彩色小瓢蟲的樣貌快樂飛舞。
為了確保疲憊的靈魂碎片不會再崩散，就會有小動物守護靈保護著。
小動物幾乎都能看見靈體，因此見怪不怪。

如果是淺眠的人，就會讓代班守護靈待久一點，讓原本的守護靈能夠安心休息。

許多人類的守護靈，幾乎都是靈魂在其他世界和星球的親友，或是地球上過去的善緣，有非常親密且信任的關係。因為愛你，而義不容辭地成為守護靈，接受一系列嚴格的培訓，扛下陪伴人類一生的巨大責任。也正是因為陪伴人生的壓力很不容易，成為守護靈的靈魂很難長期任職。平均一名守護靈任職五段人生就會退休，寧願在輪迴規劃區當志工，或者成為守護靈導師。因此守護靈的工作，得一直招募／訓練新手。

守護靈就像是公司大樓的保全，監看所有人員與物流的進出。然而住戶的設備（身體）照顧不好，作息失調、缺乏運動、飲食混亂，就像危樓搖搖欲墜，再厲害的保全也無法阻止整棟樓倒塌呀。因此人類層次有意識的保養身體，就是對守護靈最大的支持了。

守護靈可運用的能力

守護靈是每個人類的基本配額，為了公平起見，每位守護靈可以使用的基礎資源是一樣的。例如每個禮拜固定發一千元地球代幣，如果基礎配額不夠用，靈魂還可以額外打工，提供守護靈額外的地球代幣，我們會在第三章談到靈魂之間如何獲得、運用地球代幣的機制。如果今世你的靈魂預定給人生較多的挑戰，也就是業力比重大，守護靈就得分配消業的方式，例如東西不見（-20）、繞路遲到（-30）、絆倒（-50）、撞到瘀青（-200），分期擋下預計消除的業力。

前面的數值都是舉例。通常對我們而言，越珍貴、越有價值的東西，能夠擋下災禍的數字就越大。所以有些物品損壞，以及生病出意外，都是在把沉重的業力消化掉。如果生活發生很多倒霉事，先不要氣急敗壞地怪罪守護靈，如果只剩十元卻要消掉一百元的業力，祂們也是很為難的。

守護靈的工作像是會計，要精算人類這一生每個時期，運勢低或高的時候需要擋下的災禍與壓力。由於每個靈魂規劃人生的難度不同，若人類要成為時代重要角色，就需要承擔相對高的時代和歷史業力，守護靈肯定要有更多的地球代幣資金運用，不必要時該省、需要時放膽花費，非常考驗守護靈的經驗和技術。守護靈也得和靈魂時時刻刻保持討論，人生的難關若是太難度過，甚至會變成人生創傷，使靈魂得額外再搜集地球代幣，安排未來療癒創傷的機運。

為了幫助人類層次，人們的靈魂經常會外出打工賺地球代幣，或找朋友套交情搜集資源（有時候會被解讀為白吃白喝或出去玩，雖然偶爾真的是這樣，還是要看靈魂個性），也可能靈魂會去地球的另一端，協助修復地球大自然的能量場。

靈魂、指導靈和守護靈，
一起討論業力與能量平衡的方式
我每天晚上睡前，都會看到大家密切地開會討論，內容消音不給我知道。
我們家討論的都是技術性的工作內容，我也聽不懂哈哈。只說人類早點睡，會讓祂們工作效率更好。

但是最安全的方式還是在人類出生前，靈魂提前準備大量的地球代幣，當人類之後能隨時拿出來應用。只是多數的靈魂，都是當了人類之後才發現人生實在有太多大大小小的問題，周轉不靈。

我們的靈魂大多一腳在家、一腳在外面。靈魂不在家，人類就容易恍神，注意力不集中，彷彿沒有生活重心。如果生活上需要做緊急的決定，可以拍胸口的心輪，叫自己的靈魂回來。

拍拍心輪，
可以加強靈魂和身體內外整合，
把注意力和能量集中。

心輪像是電話線，
能呼喚各種層次的自己對話。

另外，女性固定有經期排血，身子會格外虛弱，連帶能量場也會變薄。守護靈都會在女孩們經期，獲得一筆地球代幣補助與保護，確保我們生活平安順利。

過量的迷幻藥物，會破壞身體能量管道

醫療用的迷幻藥物劑量會有所節制，非醫療使用的娛樂用迷幻藥物很容易過量，超出身體的負荷量。

假設某人有五百位指導靈經常一起辦公，少的時候也有五、六十位，但有天當事者因為好奇想嘗試迷幻藥物，其能量場會因為過量的迷幻藥物讓大腦當機，身體和靈魂短暫分離。

非自然因素導致的強烈身心分離，就像撕開保護膜，使身體肩背、腦後的能量場破損，運勢、健康持續外流。當能量場的保護失調，大多數的指導靈就無法在這種壓力下工作，守護靈最多只能讓一兩位指導靈過來工作，而多出來的工作量全都要靈魂自己負責。

突然間讓那麼多指導靈無法同時工作，替人類整理資源、安排日常與下半輩子的人生藍圖，人類將來只會過得更辛苦。就算人類進入大運，流失的能量就像水龍頭壞掉，使大運的成效不如預期。

我曾遇到幾位學生承認曾經使用死藤水、相思樹水等迷幻藥物，想藉此抒發生活壓力，但發現治標不治本，甚至身心狀態更糟糕。他們的能量場呈現「霧霧的」毛玻璃樣貌，和一般人光滑柔韌的能量場相比，脆弱許多。我詢問他們的靈魂為何要讓人類體驗迷幻藥？他們的靈魂才承認，因為平常疏於照顧人類，後來發現人類對社會適應不良，而靈魂也想求速成，想要立刻、快速解決問題，沒有深入評估後果，認為反正試了再說。這也是靈魂太急躁，沒耐心經營人生，忽視問題嚴重性帶來的慘痛經驗。

我的前世中也有身為女巫、薩滿，在傳統宗教儀式中使用迷幻藥的經驗。反而前世有使用迷幻藥的經歷，這一輩子靈魂規劃體驗時都會特別謹慎，以免干擾人生藍圖的發展。至於一般開刀的麻醉、手術，切除某些器官等動作，反而不會影響身體能量場太大的運作，因為沒有強迫身心分離，而是讓身心同步沉睡。

Mulo是這樣向我解釋迷幻藥和手術開刀對能量場的差異：「靈界是精神層次的世界，如果有任何『想逃離自己的身體、厭惡自己的存在』的思維而使用迷幻藥，過量的迷幻藥物會使人精神渙散，身體鬆軟失衡，使『想逃走』的意念凌駕於『身體希望好好活著』的感受。身體的意志低於人的意念，就像是塑膠袋破掉了，靈魂碎片四散。

「因為疾病和意外得手術開刀，病患都會恐懼死亡，想要活著，身體的求生欲強烈，往內的力量集中，能量自然不會散失。

「幸好人類能量場的中樞是心輪，只要你的心輪、你的感受還在，你願意為自己的生命負責，想把握人生歲月，回歸自己的意志力就可以把靈魂碎片逐一吸回來。尤其照顧好身體健康，當心臟仍然在跳動、血液保持輸送，身體能感覺到你的重視，身體也愛你，在身心同步的狀態下，能量場就會啟動自我修復的能力。」

（二）指導靈

冥冥中照顧人類日常生活所需，提點生活注意事項

靈魂還在安排人生藍圖時，地球筆記本會提醒靈魂到交誼廳尋找其他夥伴成為指導靈，分擔成為人類的壓力。

指導靈都是另一名靈魂。指導靈有祂們自己的行程和安排，有可能正在擔任小型物種，或者正在經營另一個時區的人類，也可能完全沒進入輪迴。每一位指導靈的經驗值和能力都不同，靈魂只需要整體能量的千萬分之一就可以成為指導靈，這

也是要避免靈魂過度分散能量而疲累。能量穩定豐沛的指導靈，足以同時分身去照顧不同的人類。

相較之下，守護靈必須是完整的靈魂狀態，不能分身，要隨時保持在工作模式，所以守護靈的職責比指導靈辛苦許多。

指導靈和當事者靈魂的合作，不需要經過資訊交換圓桌的媒合，也不會被運勢和機運的時間安排限制，雙方的合作條件較為寬鬆。因此有些人生行程搭不上關係的靈魂，會選擇直接從靈界保持聯繫，成為彼此的指導靈。

指導靈的數量沒有上限，再多都不會造成人身負擔，因為指導靈

存在的「指導靈辦公室」，不屬於人類的身體能量場，而是位於人體後方獨立出來的空間。「指導靈辦公室」直接和輪迴規劃區相連，輸入了輪迴規劃區強大的光與保護，人類生活的沉悶壓力才不會影響到指導靈。

在地球上，只有人類擁有指導靈，其他物種並沒有指導靈的協助，因為人類是地球上生存壓力最大的物種，也是最具挑戰性的體驗。

指導靈的日常輔助

指導靈提供給你的靈感和建議，都是從心底發出來的，有時候會分不清楚究竟是自己還是祂們的想法。想分辨的話要多加練習，尤其要靜下來，沉澱思緒之後才能做出區別。也可以說，在靈界是「越認識自己，就越能區別祂們和自己的不同」。

小湛我經常遇到網友詢問：「我該如何連接我的指導靈？」其實真的不必特別連接，祂們已經在日常生活中提點和幫助我們了。平常我也沒在問祂們意見，我自己會把生活打理好。倒是買菜和做菜的時候，很明顯會聽到祂們嘮叨「菜再多洗一次」、「不要加太多鹽」之類的。

若是為了靈性發展，想要聯絡指導靈，祂們都會說：「如果人類的覺知非常不穩定，只是想透過收訊獲得自我價值感，或者想遁入靈界逃避生活壓力，那麼我們寧願關掉所有聯絡視窗，避免介入人們不穩定的精神，免得更加傷害他們。」

當人類性格單純，沒有強烈的慾望與索求，指導靈很樂意給予指點。讓人類莫名地「直覺很準，可以用直覺決定人生大小事」，若是這種情況，即使看不到祂們也沒關係。

即使我和指導靈能直接溝通，祂們都不會明講答案，就算是「東西找不到」這種好像無傷大雅的小事也一樣。因為人生課題要靠當事者自己執行，指導靈若提示太多，則會被輪迴規劃區視為「介入人生的選擇」，甚至會把祂們調離職位。

如果期待指導靈能夠給自己「一個明確的答案」，要心知肚明：你正在把人生的主導權往外推，你並不是真的想為自己承擔責任。因此指導靈只能戳一下、給一個簡單的訊息，頂多戳兩下就不管你了，這也是尊重我們的自由意志。人類若不願接受建議，祂們也沒轍。

小湛我的指導靈以訓練我「尊重這個身體」及「保持放鬆」為宗旨。每次東西找不到，我會大喊：「我的〇〇不見了，請指導靈陪我找好嗎？」祂們都笑咪咪地說「好呦」，又或者先念我「每次東西都亂放」。這時候我就得練習放鬆（再怎麼緊張都要），克制頭腦的胡思亂想，試著信任自己的身體，也就是讓精神與肉體整

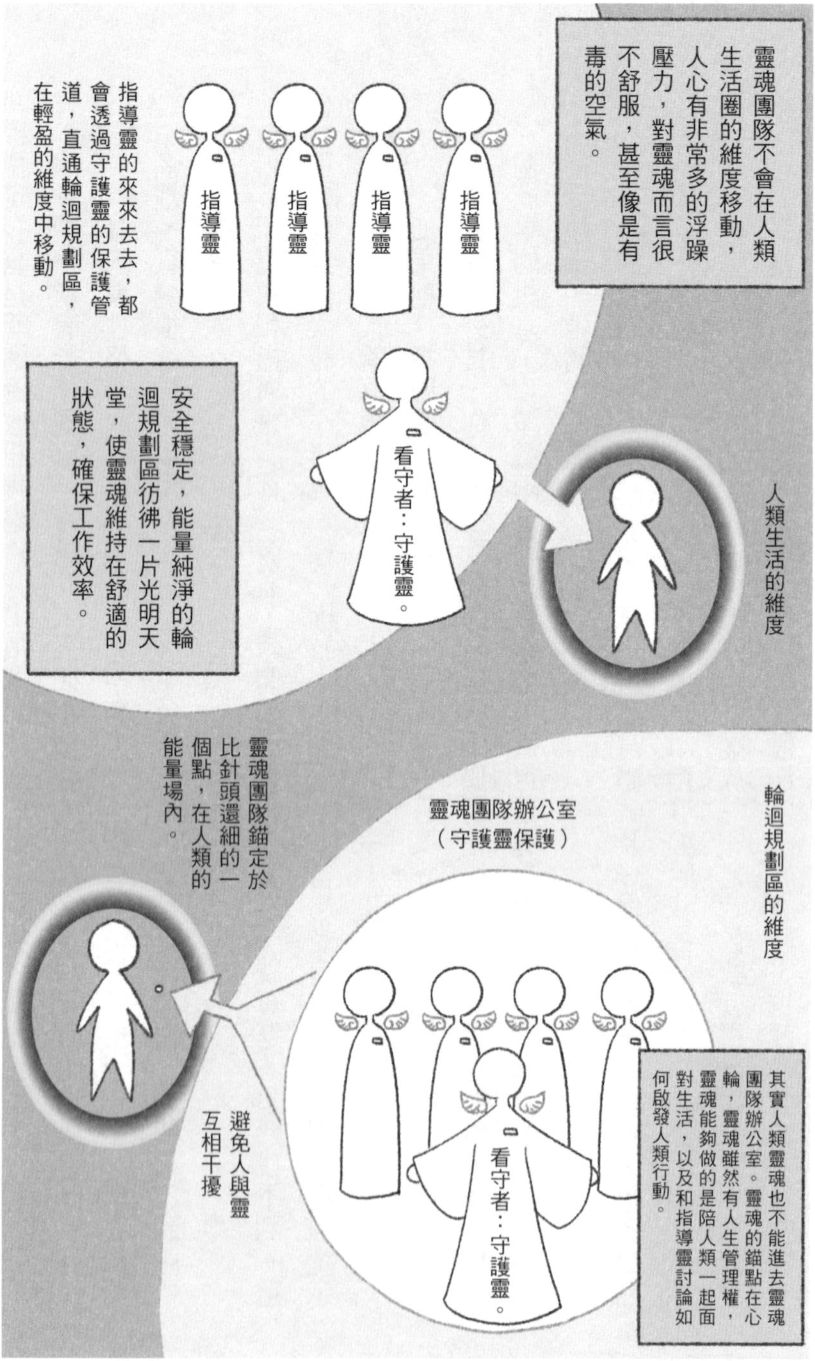

靈魂團隊不會在人類生活圈的維度移動，人心有非常多的浮躁壓力，對靈魂而言很不舒服，甚至像是有毒的空氣。
指導靈
指導靈
指導靈
指導靈
指導靈的來來去去，都會透過守護靈的保護管道，直通輪迴規劃區，在輕盈的維度中移動。
人類生活的維度
看守者：守護靈。
安全穩定，能量純淨的輪迴規劃區彷彿一片光明天堂，使靈魂維持在舒適的狀態，確保工作效率。
輪迴規劃區的維度
靈魂團隊辦公室（守護靈保護）
靈魂團隊錨定於比針頭還細的一個點，在人類的能量場內。
其實人類靈魂也不能進去靈魂團隊辦公室。靈魂的錨點在心輪，靈魂雖然有人生管理權，靈魂能夠做的是陪人類一起面對生活，以及和指導靈討論如何啟發人類行動。
看守者：守護靈。
避免人與靈互相干擾

合。接著指導靈會帶著我亂繞——這邊翻翻，那邊翻翻，觀察我有沒有更信任自己的身體，我能否控制自己的情緒，例如憤怒或沮喪。

請指導靈幫忙尋找遺失物，找到的機率很高，只是很花時間。難免我會很焦慮、很生氣，情緒會妨礙我對自己的信任度，這的確是我自己的問題。如此一來，遺失物就得多花幾天翻找，等到我真的能穩定下來，才會找到物品。輪迴規劃區希望指導靈的存在是「默默陪伴，讓你能夠相信自己的力量」，人生的主角依然是人類。

我們的靈魂和指導靈的合作

考慮到人一生會接觸諸多的領域和人際關係，以及想要嘗試的學習範圍多寡，靈魂從一開始規劃人生，就得設想到合作的指導靈類型。若靈魂想要有更豐富、進階的體驗，就得親自尋找適合的指導靈幫手，一如老闆面試員工，靈魂得有耐心地尋找能力高強的指導靈，逐一面試，談好合作條件、工作內容，以及提供的地球代幣多寡。

大部分的指導靈都需要地球代幣交換，價格要先談好，是算次數付現還是統包、有沒有訂金和尾款？要講好合作方式才會有後續合作。有的指導靈是親友支持，純粹來幫你，祂們沒有打算在地球進入任何一個輪迴，自然不需要收地球代幣。如果指導靈有自己的輪迴規劃，然而非常喜歡你的話，就算要支付代幣也會開個友情價。

出生後，靈魂會提供地球代幣給守護靈運用，只有守護靈才能使用地球代幣的能量，增強人身的防禦力，像是放大幸運，和消除人類的業力。守護靈才有權利直接把地球代幣轉換為其他能量，所以出生後靈魂都會把手邊賺得的地球代幣全權交給守護靈處理。

而指導靈們有自己的生命安排，祂們也需要地球代幣投資自己未來的規劃，指導靈認為自己的時間和專業能力有多少，就會為自己的付出訂出價碼。

當靈魂預計未來人生將會擔任人類歷史上重要的角色，像是君王、發明家，要能夠如預期地發揮才能幫助到世界，擴散影響層面。這種牽涉數百萬人類命運的安排，靈魂與指導靈們前期的討論時間，會長達五百年以上。

也就是說，靈魂要成為人類歷史上的偉人並不容易。靈魂需要安排的指導靈數量、專精能力、合作默契，得經過一次又一次地彩排，找出所有可能的出錯點，預防犯錯，還要設置各種補救措施，確保人生規劃一切順利。否則人生容易出差錯，或者出現道德瑕疵、判斷力不足，容易釀成大禍，導致嚴重的傷害事件發生。

靈魂若想要成為有能之士，像是政府官員，本身人品得要有相當抗壓力，能夠抵抗反對聲浪，為社會找到最好的選項。然而理想和現實總是有落差，有些靈魂自認能夠清白地做好事，忽視實際上官僚結構的腐敗問題，其中存在著好幾代的潛規則，人在其中很容易同流合汙，又或者變成晦暗中拉幫結派，因此很需要累積耐性改變風氣。

時代改革的推動，非常依賴靈魂對人性的掌控度，否則一不小心，就會重複腐敗的掌權手段，並拿權力來服務個人的私欲，又或者是因為不夠合群，被視為擋人財路的箭靶，遭到對手抹黑傷害，甚至斷送職涯發展。

人類品格的發展，需要靈魂時時刻刻的關注與調整。靈魂設定好人生主軸，指導靈只能輔助人生旅程上的細節，無法取代靈魂做人處事的智慧。不管再好的指導靈找來多好的機會，如果靈魂忽視重要性，人類又不懂得珍惜，指導靈也就莫可奈何。人生的主控權，依然操之在靈魂和人類的手上。

指導靈是相對輕盈的體驗

密集輪迴的靈魂都會感到疲倦，想要有多一點的休息時間，卻又想繼續幫助地球。那麼成為指導靈只出一張嘴，也算是間接參與時代的盛會。

再來，靈魂規劃區內雖然能平衡靈魂的差異化，然而靈魂真實的質量，依舊收納在地球能量場中。一旦靈魂確定要進入地球輪迴，靈魂需要和地球的能量校對頻道，壓縮質量，將覺知放入人體內，才不會瞬間解壓縮導致人體自燃，因為靈魂的原始能量實在太強大了。能量壓縮對靈魂而言，像是負重，頗有壓力。對短期體驗的靈魂而言，當指導靈輕鬆舒適許多，並不需要壓縮能量。尤其純當指導靈的體驗，不會產生任何業力與因果的牽扯，一切都是良緣。

只是指導靈照顧的人類，總是有些盲點和固執，甚至在某些議題上，連靈魂都拒絕指導靈的介入，就好像

如果靈魂單純當指導靈，沒有加入地球輪迴的打算，靈魂的能量就不需要壓縮至地球的空間內，反之，會收在太陽系的其他空間維度中。
對短期體驗的靈魂而言，當指導靈輕鬆舒適許多。不會有任何業力和因果的牽扯，一切都是良緣。

偶爾也能見到「第一次當人類就上手」的靈魂，其實成為指導靈有數百年的資歷，就是因為人類出生前，靈魂學會「如何避開麻煩人士」的攻略，對人際有相當高的敏感度，足以趨吉避凶。

老闆否定員工的意見。指導靈旁觀者清，也得忍耐著接受異議。因此有些性情急躁或者太熱血的靈魂，便寧願親自下來體驗人生，不甘心只當個旁觀的指導靈。

靈魂在互相當指導靈的過程，其實也是透過服務他人，認識更多的靈魂，擴展在地球上的人（靈）脈資源。如果某位靈魂傑出有能力，會有許多靈魂自願當指導靈學徒，觀摩這位老手靈魂如何當人類，妥善安排地球資源的進出。

靈魂們經常在靈界交換各種消息和八卦，越善於交際，消息就越靈通，這一點和人類的人際關係類似。越主動爭取、積極實幹的靈魂，越能掌握時代趨向，獲得最佳的學習機會。

靈魂輪迴規劃透過縝密的重重架構——如果你的靈魂來到地球，願意花時間先了解地球結構的資訊，理解指導靈的分工，和越多靈魂互動討論，從地球代幣的流動方式學習人類的理財觀念，安排得越仔細，人生的發展也將更順遂。

指導靈的組合

有些人類身後的指導靈，都是靈魂的家人和星際的朋友們。很多靈魂愛熱鬧，想要攜家帶眷來地球，可是地球的體驗太刺激了，祂們輪流討論後推舉最勇敢的靈魂當人類，其他成員統統成為人身的指導靈。一大群靈魂家人照顧一位靈魂的人生，也是常見的現象。

缺點是，要做出人生重要選擇時，每一位指導靈都想說話，人多口雜，變成想做的事情太多，時間有限，讓靈魂和當事者人類選擇障礙，導致遭遇人生關卡時，會因為沒經驗而手忙腳亂。如果親屬們有在輪迴規劃區先做好功課，快速找到重點，彼此合作的默契就事半功倍。由靈魂家人聯合經營人生的靈魂和指導靈，地球上每四個人之中就有一個是這種合作模式。

有的靈魂個性安靜內向，不喜歡吵鬧的環境，或者懶得找幫手，就會直接由輪迴規劃區分派基本的指導靈。獨自冒險的星際背包客也會因為對地球不熟悉，直接請輪迴規劃區量身訂製指導靈和守護靈的規格。這些客製化的靈魂團隊反而更熟悉地球能量，能協助新來的靈魂在人生旅程中，大事化小、小事化無。也有許多背包客靈魂和這些幫手靈魂成了好友，繼續合作到下輩子。

自認不需要指導靈的靈魂，這樣的人生最多自給自足，很難再顧及其他人。好像什麼都能做，但是都做不久，理念很難持續下去。因為沒有指導靈協助尋找其他資訊，靈魂又需要持續觀察人類的心理和生理狀態，人生旅程全都靠靈魂獨自撐著的狀態下，有夢想也很難觸及。幸好指導靈可以後天約聘，靈魂只要能放下面子願意求助，交誼廳多的是願意伸出援手的靈魂。

小湛我剛開始的指導靈，全部都是Mulo在地球規劃區找來的幫手。隨著Mulo帶我探索靈界，我陸續聯絡上過往在其他星球、其他境界認識的親朋好友和工作夥伴。祂們發現Mulo獨自在地球生活，自願過來協助我們的成長。剛開始Mulo還很不想麻煩老朋友們，後來不得不承認，和老朋友合作，照顧人身的工作其實更有默契。Mulo的朋友們本來就熟悉星球能量的運作，因此一開始和Mulo合作的指導靈們也就替換掉了，靈魂團隊也是有後續更替的情況發生。

小湛家目前的指導靈都是星際來的朋友，早期指導靈全部都是地球的小幫手。
需要幫忙嗎？
這麼久不聯絡，不夠朋友喔。
好狠心喔都不想我們。
樓上要給你很多工作喔，快點回來。
發生什麼事啦，你看起來好累。
忙不過來要說喔。
大家都分身一部分過來幫你，地球生態似乎很有趣，你家小朋友也好可愛喔。
很煩耶，這輩子小孩不好照顧。我正在煩惱。
祢們那麼閒乾脆給我下來喔。
Mulo本來不好意思麻煩親朋好友，然而大家都很想幫忙，Mulo只好接受大家的心意了。

靈魂、人類影響指導靈與之合作的默契

我曾見過一名網友的指導靈超級多！簡直像俱樂部，大家都在講話聊天，氣氛放鬆愉快。這位網友的靈魂熱愛交友，來者不拒。只不過靈界的人際關係，也會反映在他人類的生活上：當事者喜歡往熱鬧的地方走，面對生活壓力只想逃走，或者想透過娛樂活動發洩壓力，無法集中精神解決個人的私事。

如果是講求工作效率的靈魂，挑選出來的指導靈，通常也是精英等級的幫手。大部分的人生問題，都在靈界沙盤推演中提前預見、提前找到解決之道。所以他的人類人生看似毫無障礙，問題一發生，很快便解決掉。即使出現意外事項，指導靈的應變能力也能協助靈魂快速排解障礙，可說是合作愉快。

因此，靈魂的交友個性和工作能力、對問題的解決態度、人生會呈現什麼狀態，都可以從指導靈的組合中，一見端倪。

我還見過非常少數的狀況是，人類持續地埋怨自己的靈魂團隊，咒罵自己的靈魂和指導靈，覺得自己人生悲慘，都是祂們害的。由於人類和靈魂非常相似，會責怪的人類，往往也有著遇到壓力就會四處怪罪的靈魂。靈魂會怪人類不長進，也會怪指導靈事情都做不好。當靈魂和人類持續怨懟所有可能傷害自己的人事物，指導

靈也會憤而不幹，導致身體機能的維持、緣分的安排等沒有足夠的幫手協助，讓人生更不好過。畢竟指導靈就像員工，沒有被好好對待的話當然能夠離職，遠離不舒服的環境。

還有一種狀況是，靈魂先天的規劃不足，導致人生不順遂。人類努力地想振作，積極地在生活上找機會突破，即使一再挫折，依然不想放棄自己。人類的振作會影響靈魂，讓靈魂跟著努力補救。當指導靈感受到當事者的求生欲，都會大受感動，甚至加班特別協助，這就是標準的「天助自助者」。唯有當事者有強烈的求生意志，祂們才能持續提供機會，尋找任何協助翻身的時機，共創全新的格局，建立穩定的生涯發展。

靈魂制定指導靈的工作制度

靈魂團隊的內部分工，都是靈魂決定的。以我的人生舉例，Mulo希望指導靈發揮專長就好，沒事別說話，想要聊天玩樂請等到下班再使用筆記本互動就好。Mulo還有制定其他上班規則，像是每天工作都有要達標的KPI，工作要有效率等。

小湛我在烹調餐點時，會有教導我做營養食譜的健康指導靈；採買時指導靈則會提醒我家裡缺什麼，記得放入購物籃結帳。當我就學時，有負責督促課業的指導靈，教我如何整理筆記和畫重點；等我畢了業就不再需要督促課業的指導靈，這位指導靈就會離職，到其他人類身旁服務。

我大學畢業進入職場，朝藝術、設計領域摸索，結合創意的藝術指導靈就會支持我，陪我激盪創作能力。隨著我下班，祂也跟著下班，指導靈的專業和工作時間會配合服務對象調整，因此白天和晚上的各種公私生活，可能是由不同的指導靈互相輔助而成。

不過我發現，大部分人的靈魂團隊並沒有設定規則。有的人身邊的指導靈，一周工作時數極少，卻長期留在辦公室內無所事事。反而是Mulo希望指導靈有需要再來上班，非工作時間就不必過來，可說門禁嚴格。

Mulo向我解釋：「指導靈沒事做就會聊天打屁，和人類一樣。一聊天，就會讓其他正在工作的指導靈分心，降低工作成效，我不喜歡這樣。不是每個靈魂都和我有一樣的標準，有的靈魂覺得不說話的辦公室很沉悶，要多聊天才放鬆。因此每個靈魂對人生態度的不同，靈魂團隊的組成、合作風氣也截然不同。也確實有的指導靈認為和我合作壓力很大，所以我需要找有同樣價值觀的合作夥伴，雙方才能盡興。這也是靈界的職場交際囉。」

假設未來人生會創業，我的靈魂會成為指導靈，到其他已成功的企業家身邊實習。我認識幾位廚師朋友，他們旁邊就有協助做菜與挑選食材的正職指導靈，人類更後方還有指導靈實習生，這些實習指導靈都是其他人類的靈魂，準備未來開店，正在旁邊觀摩做筆記。

生活上的靈感，多數是由指導靈提供的。食衣住行和各行各業，都有專業的指導靈來輔助，確保人類有基本的謀生能力，或者有意外事故發生時，指導靈能夠和靈魂、守護靈一起討論想辦法，緊急應變。

即使靈魂沒有數學才華，如果祂想要體驗數學天才的人生，還是可以聘請各方專精數學的指導靈一起加入人類旅途，使靈魂能夠成功體驗到期望的人生。指導靈就像是人生外掛程式，指導靈的專業，能夠帶給靈魂「全新體驗」、「全新視野」。

指導靈的類型

第一種：「生活管理指導靈」

生活管理指導靈往往是數量最多的幫手，照顧生活小細節。例如：做菜時提供我們調味的靈感，上課時帶我們抄重點筆記，採買時暗示我們走去折扣區。和親友吵架時，提醒我們自省，思考問題點。

生活管理指導靈會提點我們注意行程，安排人際互動，讓我們的能量能與群眾、環境交流，適時地釋放在地球生活的壓力。生活管理指導靈也會在靈界分享消息，串聯周遭人們的指導靈資源，相互協助。當我們到鬧區和人多的地方，或者搭乘公共交通工具，生活管理指導靈也會透過人們的能量場，相互交換資料，做緣分牽線和細節運勢的安排。

由於大部分的靈魂注重在靈界的隱私，在輪迴規劃區交誼廳以外的地方不會輕易地和陌生靈魂互動，那麼在人類的場合，就可以透過生活管理指導靈的活躍，交換全新的資訊和消息，提供靈魂增加認識其他靈魂的機會。這就像是突然得到一份傳單或看見一句廣告標語，有機會接觸全新的人際關係，產生更好的機緣。

如果人類的生活都在家裡上網，指導靈牽緣分的機會就會受限。因此指導靈也會想辦法讓人萌生許多意念，鼓勵大家多出門走走，接觸人群，方便祂們安排人生因緣。

第二種：「健康管理指導靈」

「健康管理指導靈」是三種指導靈中唯一「必選」的指導靈。若靈魂只想當人類嘗鮮，或者覺得自己很強，不需要指導靈，輪迴規劃區依然會強制配額「健康管理指導靈」給當事者，而必選的指導靈就由輪迴規劃區提供地球代幣薪水。畢竟人類活得好一點，也是減少對其他人的負擔。

健康管理指導靈至少有兩到三位輪流照顧身體，包含腦幹的運作，像是呼吸、心跳、內分泌、腸道系統的正常運行，也都跟祂們息息相關。在日常生活中，靈魂沒辦法分心照顧這些細節，靈魂需要全心全力思考未來人生的發展、家庭、人際等的關係，還得想辦法調整人身的情緒狀態。健康管理指導靈負責記錄每分每秒身體各種層次、體內外的狀態，讓身體盡量保持健康與平衡。例如祂們每天晚上都會輕輕提醒：「看一下時鐘，要睡覺了。」然而人類通常不會乖乖聽話，健康管理指導靈只能再接再厲。

健康管理指導靈督促我們照顧好自己，例如不小心在客廳睡著，會突然全身抖一下醒來，彷彿有誰叫你回房間睡覺，不然會著涼；當你踢被子時，喚醒你把被子拉回來蓋，諸如此類就是健康管理指導靈的告誡。

如果人類長期飲食跟作息不健康，過度忽視自我的感受，罔顧祂們的提醒，或者靈魂不知道該怎麼處理人身的情緒與壓力狀態，健康管理指導靈仍然無法幫我們控制好健康。

健康管理指導靈還有最重要的工作內容，便是定時將人身數據往上傳到宇宙資料庫。這部分會由地球輪迴規劃區統一收集，再往更上一層傳，交給宇宙的靈界督導檢視。每天小湛我睡前，都會看見健康管理指導靈整理相關資料，這些資料像是金色的文件往上飄到雲端存檔。如果健康管理指導靈慢一點上傳，天上的祂們還會督促快點交檔案，那些降下來提醒的光芒很威嚴。

雖然宇宙會客觀記錄萬物的思維和言行舉止，然而感情的流動，像是靈魂、人類、指導靈對生命的領悟，則是另一種切入角度。指導靈對人類生命歷程的理解、對人類的憐憫和看法，會提供靈魂看待世界的全新思維，補充更近人情的分析。再來，指導靈提供的個人檔案具有隱私，不能隨便公開，甚至有些資料是連當事者靈魂都得遞交申請才能看。例如指導靈們之間的討論，包括評論服務的靈魂和人類，是否真的足夠認識自己？

指導靈做筆記和討論的過程很直白，不是每個人的靈魂都能夠接受。隱私保護也是確保當事者靈魂不會找指導靈算帳。如果誰都能一時衝動干預專業人士工作，誰還敢當指導靈，講出真實的觀察心得？

當一生結束之後，靈魂會回到輪迴規劃區和靈魂長老開會，調閱健康管理指導靈記載的所有資料，檢視人類的思考從哪一片刻開始偏離人生主軸？靈魂有多少挽

#小湛常常和 Azure 一起討論該如何破關。

因為能看到祂們、聽到祂們說話，一旦靈魂團隊團結起來，比我媽還嘮叨，超級可怕的！結果我現在的生活作息變得比學生時期還健康啊……

救的機會卻錯失了？人的身體內分泌失調從哪裡發生的？指導靈有善盡提醒嗎？靈魂都有重視嗎？

透過指導靈記錄人身的狀態，從客觀檢視靈魂是否顧及全局，還是高估或者低估自我？靈界的祂們，透過各種幫手、職業的安排，能從人生計畫的縮影牽涉靈魂的進化，讓更高層次的祂們探討未來宇宙的拓展。指導靈做的工作，便是最底層的管理與督促，確保個人與世界的運轉一切順利。

第三種：「成長規劃指導靈」

「成長規劃指導靈」其實是人類生涯與周遭環境互動裡最重要的指導靈。卻是急著想當人類，連地球使用說明書都不看的靈魂，最常忽視安排的指導靈。大部分靈魂們都會高估自己的安排，認為能夠靠一己之力闖天下，導致生命中出現許多盲從與不知所云的後悔行為。

靈魂負責設定一生大綱，像是出生地、居住地、就讀學校與基礎人際這些部分都由靈魂設定。其他細節就由「成長規劃指導靈」來規劃與填補。「成長規劃指導靈」顧名思義，是為了讓人類在生活中得到精神上的啟發與深思，愈加認識自我，比方說看到影響一生的書籍、啟發內在的電影、發生一段短暫卻刻骨銘心的感情。

「成長規劃指導靈」會安排人身在生命的各個階段進行反思與檢討，協助對地球生態不夠熟悉的靈魂，心性穩定。

「成長規劃指導靈」是所有指導靈中，最挑服務對象的專家。「成長規劃指導靈」講求緩慢、穩定而踏實，靠著一天天累積經驗、聚沙成塔的毅力，往內聚集力量。然而有些人的個性躁進，只求結果不重視過程，急著成功、急著被群眾認同，自負、好大喜功且不負責任，「成長規劃指導靈」就沒辦法與這樣的人類和靈魂合作。祂們一旦覺得這個人類的時機未到，就會主動離職，寧願服務渴望認識自我、認識個人生命的靈魂與人類。

成長規劃指導靈都有身為人類的實戰成功經驗，資歷既深又非常搶手，行程自然滿檔，需要提早數百年，約好合作時期。積極想要學習與成長的靈魂，就會在人生開始前，先找好合作的「成長規劃指導靈」，並且在人生每個階段，謹慎拿捏自己的人類性格，免得氣走指導靈。也唯有靈魂腳踏實地，認真地看待生命的鋪成，才能讓「成長規劃指導靈」大展身手，確保這一生的每個時段都充滿豐富的體驗，時時刻刻都能以客觀的視角，帶領人身與靈魂一起成長。

指導靈與人生變動

一般人日常生活中所需要的指導靈數量，五到七位就綽綽有餘。如果進入事業的高峰期，指導靈們便會幫忙整理人脈資源，像是到處牽緣分，讓你認識哥哥的朋友的姐姐的老闆獲得一筆贊助與賞識。

很多冥冥中的安排，都是指導靈在幫忙鋪排與打理，確保你能走上預計的人生藍圖。我曾看過一位準備開店的大姐，背後有將近四百多名的指導靈！隨著她開完店，就恢復成照顧日常生活的三位指導靈。

我們的靈魂只要負責照顧人身的情緒管理，就可以讓身心保持在相當穩定的狀態，特別當壓力來了，思考要找誰或用其他方式化解，以免妨礙個人的精神狀態。這部分就像是打電動，靈魂努力地把自己調整在最好的主線狀態，由指導靈們排除周遭的小怪和小細節，確保人生進展順利。

當然也會發生極端的狀況，像是人類明明擁有非常多的資源，個人卻擺爛與頹喪。原因也許是靈魂高估人身的抗壓力，或者是故意讓人身經歷這些打擊做自我檢討，可是不代表人類真的能反省。

靈魂藍圖若是要有大幅度的變動，還是會以靈魂的考量為準，指導靈為輔。許

若人生發展不如靈魂預期，可調閱指導靈做的檔案紀錄，回顧日常作息、飲食或者環境因素導致的身心變化，供靈魂檢討反省，成為下一輩子的借鏡。
人生結束後，輔導長老都會帶領全體開會討論。
靈界無論生前死後都在開會呀，大人的世界真辛苦呢。
各位，我上輩子的人生應該要活到一把年紀，怎麼才中年就暴斃了？
還有家族遺傳的部分。
有提醒祢，飲食過度油膩，祢沒放心上。最後心肌梗塞啦。
糖吃太多了哦。
人體很脆弱的。
已入檔
生前紀錄
請看十二歲那年起，祢對吃的執著。
下輩子設定要特別注意飲食。

「成長規劃指導靈」講求緩慢、踏實，靠著一天天累積經驗，聚沙成塔的毅力。
屁屁湛的日、周、月、年的學習進度規劃以及靈界進度表
然而有些人的個性非常躁進，急著成功，不負責任，「成長規劃指導靈」就沒辦法與這樣的人類和靈魂合作。
我覺得我超好的，都是別人的錯啦！
這個可以放生了。
祂們一旦覺得這個人類的時機未到，就會主動離職，只想服務願意負起自己生命責任的靈魂與人類。
我為什麼要了解別人的苦衷？他們最好死一死啦！我最喜歡說人壞話了！

我偶爾會去當別人家的成長指導靈。今世我們家也有兩位成長指導靈來支援。
兩千年前我就在規劃今世的靈通了。
我還是需要有客觀的夥伴討論個人盲點，能夠加快生活的領悟。
尤其靈通和精神層次的世界有緊密交流，人生更容易因為慾望引誘而走偏。所以我非常小心。不然一般人，只要有一位成長指導靈就夠了。
因為我擔心走歪了會傷害到其他人類嘛。
祢說過在天上會幫大家看藍圖給意見，就是這個工作嘛。
我的工作不止如此喔。
哥哥好謹慎。

多靈魂熱衷去各家當指導靈，往往也是在收集各種衝突素材，向那些擁有足夠調適能力的靈魂，學習如何面對動盪的人生，提高經驗值。

既然有指導靈是透過工作來挑戰自己的應變能力，也不乏有指導靈的目的是練習收拾人世間的爛攤子。如果發現本來要當「偉人」的人類沒辦法度過情關的坎，性情越來越扭曲，指導靈就得聯絡靈魂長老，把「偉人」的缺安排給其他更適合的人類，免得擴大傷害波及無辜民眾。對地球輪迴規劃區而言，地球的時代進化過程，從來不會綁死在一個人的身上。祂們有非常多的備案。靈魂若超越原先的設定，爭取到機會先得標，這也是該靈魂努力爭取到、應得的冠冕。

諸多靈魂的合作中，指導靈擔任的旁觀客觀角色，成為個人與世間所有關係中不可或缺的緩衝力量。

（三）特殊指導靈

靈魂額外聘請的幫手，可與人類層面交流

不是每個人都有特殊指導靈。有些人的靈魂，這一生的焦點著重在特定領域，認為原本的指導靈就夠了，很可能終其一生都不會有特殊指導靈。

特殊指導靈跟一般指導靈最大的不同在於，特殊指導靈位於人類的能量場之外，沒有和輪迴規劃區連結。特殊指導靈在人類的能量場外層有個指甲大小的錨定點，祂們的心意和心態一定要夠正直，才不會侵占人類的能量和傷害能量場。

特殊指導靈不限定靈魂身分，甚至連精靈都可以約聘。比如說，靈魂希望這一生和靈界有更深的交流，像是「可以聽到建議」、「有清楚的互動」，那麼當人類去廟宇、教堂等宗教儀式的場合時，靈魂會嘗試聯絡在裡面服務的精靈，簽訂合

約、發出人類能量場的通行證，請對方來協助人類覺知的靈性發展。

有些靈魂傻愣愣地誰都相信，所以靈魂簽合約、遞給對方「特殊指導靈」的身分證件，輪迴規劃區的靈魂長老還是會簡單審核，確保對方真的有愛心想照顧人類。因此也確實發生過，某些精靈和精怪別有心思地想和靈魂簽合約，但是在接過身分證件時審核沒通過，證件會發出金光擋下對方，並提醒靈魂到其他地方尋找更適合人類的特殊指導靈。

通過審核的特殊指導靈就像約聘教師，其中不乏有前世因緣的靈魂。祂們也像是代理監護人，協助靈魂一起照顧人類的身心成長。雖然可以對人類發言，但也是點到為止，因為重點是輔佐人生，而不是取代人生的選擇。

特殊指導靈會更靠近肉體的層次，位於人類的頭部兩側，會有金色的能量與人類的思緒相連。以我的靈魂團隊舉例，從宇宙星際過來協助Mulo的靈魂夥伴中，跟Mulo同輩的靈魂成為我的一般指導靈，比Mulo年長的靈魂則成為我的特殊指導靈。我會稱呼祂們「長老」，也是因為祂們的年歲和資歷連Mulo都非常尊敬，不過靈魂並沒有壽命限制，長老的模樣依然年輕強壯，一點都不老。

而我的特殊指導靈長老，經常聯絡靈魂規劃區的靈魂長老，祂們會一起討論地球各種層面的現象，也會互相協助工作。

特殊指導靈經過靈魂同意才能任職，即使人類覺知非常想要，但是靈魂覺得沒必要，還是以靈魂的意願為主。
雖然有數千歲，精靈的本體比起靈魂依然非常小！
Mulo在我童年的時候找來這位精靈姐姐，當我的特殊指導靈。精靈姐姐會化身觀音支持我，讓我在家裡有一點點被呵護的感覺。
隨著Mulo親自出來教導我，精靈姐姐就離職了，祂至今仍在舊家一帶，管理當地靈界秩序。

特殊指導靈會駐點在人身能量場外側，避免干擾指導靈的正規工作，盡可能保持客觀立場。
巴利爾長老
頂輪在頭頂正上方
駐點會避開頂輪，因為頂輪是靈魂資源下載的交流道。
巴利爾長老一個就可以負責大部分眾生的業務，其他的長老則是協助我工作，還有處理Mulo交辦的任務。
Mulo如今也忙著進修學習，大多數時候，由長老照顧我的日常狀況。
我家的長老目前是六到七位，輪流過來上工。

Mulo說祂原來在地球的工作，也包含培訓精靈們照顧地球的能量流動，但是祂在地球待太久，很頻繁地輪迴、想要幫助世界而累壞了。於是長老團除了過來照顧我，也協助Mulo教育精靈跟精怪們，甚至會讓能量比較強壯的精靈，跟著進入輪迴規劃區進修，或者到其他星球學習新的經驗。

我很常看到我家的長老，在我頭旁邊跟不同層次的眾生互動，給考卷、發測試，有時候也會盯著我學習，還有警告我別玩過頭。但其實一整天下來，我和長老在生活上的互動，可能沒有超過五分鐘，祂們其實不太會打擾我的生活，反而是身體入睡之後，長老更關注我在靈界的發展，確保我無論在哪個世界都是安全的。也因為祂們的鼎力相助，Mulo就很安心地把所有待辦工作分發出去，和我一起練習照顧好自己。[4]

（四）靈界督導

靈魂的保護者導師

靈界督導的層次又位於地球的靈魂長老之上，靈界督導像是宇宙的觀察者，是靈魂長老的前輩，也像是各個靈魂的守護者。無論你的靈魂是來自其他宇宙，或者是在這個宇宙土生土長，都會獲得一名靈界督導的默默關照。

靈界督導存在於另一個空間，當靈魂規劃不同的星球體驗，都會有靈界督導提供靈感和方向，並且記錄其身心狀況，收入宇宙的能量流動中，角色像是更高一層的指導靈。當靈魂來到地球，這些資料就會被靈魂長老調出來檢閱。

靈界督導幾乎不會介入人類的生涯規劃，除非靈魂層次極需要幫助，祂們才會出面給予指點。靈界督導位於宏觀的視角，考量宇宙格局的生態平衡，提供靈魂長遠的成長引導。

4 由於人類有自由意志，難免也會受到誘惑，同意和心懷不軌的眾生簽約，產生長期的靈界合作機會。這種人類層次的合約，不會得到特殊指導靈的身分證件。好處是由於沒有靈魂合約，所以靈魂隨時可以安排緣分和規劃意外事件，中斷不合理的約定，讓人類從中學得教訓和經驗。
如果連靈魂都相信對方的甜言蜜語，這樣就算身分證件審核不通過，眾生無法在人類的能量場外設駐點，也會因為人類同意允許附身等靈界合作行為，而產生能量掛鉤，涉及不只一輩子的關係，連帶未來好幾輩子雙方都綁定在一起。比方說該眾生長期待在同一個家族，而同一個靈魂因為合約關係，只能重複投生到原家族服務此眾生，直到雙方其中之一願意結束合約為止。
如果是合法的特殊指導靈，即使沒有任何供奉與膜拜行為，人類、靈魂和特殊指導靈的關係就只有這一世，人生結束後，雙方都是自由之身。

源頭金色的能量，像是河水灌溉宇宙。
靈界督導是靈魂的引導者，來自成熟的宇宙系統。
大宇宙
靈界督導居住的世界
小宇宙
我們在裡面
當源頭創造全新的宇宙，年長的前輩就會前往年幼的宇宙，引導探索時期的孩子認識自我，建立自己的秩序和發展。
我是阿無，Mulo的督導。沒意外的話，各位靈魂的督導沒必要出現啦。我們出來都是幫忙收爛攤子。
我們能量大、能力廣，看顧年幼的靈魂不算難事。Azure年紀還小，我就幫忙照顧Azure。
覺得怕！
我是Azure的督導，席德爾。
前輩的年紀是以「幾個宇宙」為單位，能量壓力很大，都是我的長官。老實說，我也很怕被祂們盯。
祂們曾經對我說：「如果我們因為孩子的不成熟而發脾氣，代表我們比你還不成熟，才會計較。」

所有的靈魂都是被愛、被守護的，人類也是被愛、被守護的，每一個存在都被眷顧。靈界督導希望所有的靈魂和人類都能夠更認識自己，既獨立自主，又能夠融入社群團結合作，識得自己成長的方向，以及找到喜愛的人際交流方式。

（五）源頭與愛

創造宇宙與每一場體驗的境地

每個人對源頭的概念不同，這裡說的源頭是指造物者，創造宇宙和更大的世界，超出人類可理解的無形力量，是一切因緣的起始。

我所見到的源頭有無數多個，彷彿河流一樣，源頭像是一種「種族」，有群聚並且相互連結的，也有漂流四處旅行，或者是害羞地離群索居的。源頭會創造宇宙，源頭們的意識，感受強烈或者細微，閃閃的靈光孵化了靈魂和意識體孩子。源頭會讓孩子自由成長，離開故鄉，制定自己渴望的生活方式。靈魂、精靈、意識體、高靈、外星人，大家都是源頭的小孩，只是出生的時間不同，所以有年長與年幼之分，也就有各自不同的體驗歷程。

宇宙

人類所知的宇宙，仍然限於固定能量規模的結構。宇宙是源頭創造出來的體驗場地，宇宙就像是子宮，有的源頭會把宇宙捧在掌心，有的源頭會把宇宙收在懷中，或者把宇宙背在肩上遊蕩。有的源頭身上，甚至會同時存在大量的宇宙，又或者是源頭們把各自創造的宇宙堆疊在一起。也有源頭不想創造宇宙，覺得太費心力了，但是很願意協助照顧這些小宇宙，彷彿園丁，四處欣賞各個源頭創造的宇宙生態。

有些強壯的靈魂是源頭的孩子，像是小源頭，祂們也有力量和夥伴合作創造宇宙，制定宇宙的秩序和能量流動。往往一個宇宙，會由複數個源頭同時照顧。

人類的情感，靈魂的情感，源頭也都有。源頭是所有一切的發生之處。

而每個人類和靈魂所來自的宇宙和源頭，極有可能是非常不一樣的，造成我們的個性天差地別。每個靈魂都會與自己的源頭和故鄉，有非常相似的性格。只是靈魂離開源頭故鄉時間太久，經歷太多事情，以及來到地球成為人類之後會受到創傷，或者學會遮掩，以及想要融入群體之中，漸漸地就失去了「自己的感覺」，都不確定自己究竟是什麼模樣。

靈魂會持續分身到各種世界體驗，而壓力和痛苦也會使靈魂分裂，久而久之，在地球的靈魂能量，就會分散到無法脫離地球的引力。我見到人們有些習性，承載著靈魂離開源頭故鄉的創傷，像是感到被遺棄、孤寂與空洞、不被理解、失去愛等。即使我們看起來都是人，內心的感受和外在的行為都不相同，這就是靈魂根本上的差異。因此在地球上的人生，雖然困難，充滿大量無法理解的人事物，但反過來說，地球上也聚集了相當多的人才、知識及經驗。

珍惜自己，願意替自己勇敢，能夠傾聽內在孩子的聲音，以及接納身體與情緒的不完美，我們的能量就會開始整合。越是認識自己，內在的壓力會因為「被看到」與「被接納」轉換成靈魂的進化，成為「愛」，使我們足夠整合到返回靈魂家園。當靈魂沿著源頭往上追溯，會抵達其他的宇宙，直抵自己的源頭故鄉，遇見靈魂原生家族。

宇宙之愛

甫出生的小意識體、小靈魂太脆弱了，祂們進入某個宇宙著床，自身的光還不完全，必要時會回歸宇宙的中心——這是巨大的愛、明亮無私的一體體驗。

宇宙內所有的設計者、維護者，也就是源頭們養育成熟的大靈魂們——靈界督導，將對宇宙的關懷與期盼放入其中，彷彿一座小火爐，凝聚每一位小朋友的心靈，給予強大的支持與包容。

在「宇宙之愛」的領域，所有意識體、靈魂串聯在一起，深深地休息，直到這個小意識體、小靈魂覺得自己有力氣了，想嘗試一點不一樣的事物，祂更想追尋「我能做什麼」的可能性。好奇心會使祂離開連結，被宇宙的能量[5]推引，來到接下來適合祂的星球做輪迴體驗，再穿上一件能量載體，使祂的能量結構更加厚實。

有些來自外宇宙的孩子，能量結構相對穩固，就不必被引導至「宇宙之愛」休息。若祂們真的很累，靈界督導也會幫助祂進入宇宙之愛、調整祂來到這個宇宙的狀態，能和所有小靈魂和睦相處，或者找其他世界的技術求援，提供最大值的幫助。

只要靈魂們願意體驗，就能夠穿搭星球載體。靈魂透過無限次的星球體驗，讓靈魂對於「我」的認知更加完整透澈，祂們就愈加明亮、充滿自信。

這份「我」的意念將帶著宇宙中心的愛。即使表面上火盆與火把是分離狀態，仍然能不限時空、在宇宙各地大量散播著，持續創造整個宇宙群體的能量，擴及／共振全體靈魂。直到有一天，靈魂們不再需要載體的保護，蛻變為完整的「光」，也就是來到靈界督導的層次，具備強大穩重的力量，就能夠朝外探索新的宇宙和源頭世界。

靈魂回家的道路

在地球，每一個生命都有一條能量管道朝上，延伸至宇宙、靈魂的來處。還有一條能量管道朝下，連接地球，接受地球給予的生命力和活力，與地球的時代運勢同步。

這條能量管道結合靈魂和人類層次，穿透人身，串聯靈魂的來歷，也就是與靈魂曾經住過、輪迴過、遊歷過的星球和境界串聯。靈魂參與過的世界，我都會稱之為「家」。若追溯「外在能量管道」，即能看見靈魂「回家的道路」。

人類體內的「內在能量管道」，是自我歸屬感、自我認同與安全感，串聯前世今生、印記預習、內在小孩，諸多情緒等內在力量。

當人們能夠安定身心，認識內在的陰晴圓缺，整合靈魂碎片，人類的內心強韌度與靈魂的整合程度，亦會協助地球，帶來穩定時代的和諧能量。靜心陪伴自己，

---

5 宇宙的意識包括源頭和靈界督導的暗中引導，長輩不希望小朋友過度依賴大人，希望大家能夠長出自己的力量。

能將靈魂的源頭品質、宇宙星際各個星球的純淨、獨特能量，全部帶入地球，為世界擴展全新的體驗。當你的心穩定，即在引入豐盛的靈魂能量。

若靈魂是以百分之百的能量來到地球體驗，至少要讓能量完整到百分之八十，才有力氣離開地球的引力。有時，靈魂會待在地球的輪迴規劃區休息一陣子，有點力氣了再來選擇生物的載體，將遺留在某個地區的靈魂碎片帶回來。在哪裡破碎的，就要從哪裡撿起來，為自己當初做的決定負起責任。

當靈魂完成來地球許下的承諾，完成對自己的期盼，能夠與地球的能量保持平衡（化解因果）就能夠順利畢業。若靈魂發現當初設下的目標太遠大，辦不到也沒關係。接納此時此刻的自己，把焦點回歸內在，也是一份完整。

對某些靈魂而言，地球的難度超出想像，目前暫時無法整合散落的百分之二十，也許將來在其他星球成長之後，更有智慧了，便會再次回到地球取回。到時可能過了數百萬年，或者更長久的時間——誰知道呢？靈魂是永恆的，或許能夠等到地球和太陽系的壽命結束，殘餘的百分之二十靈魂碎片，會在粉塵中重新和其他的能量組合成新的世界，到時候再來取回也不遲。沒有人會強迫靈魂做出決定，所有靈魂的決定都出於自願。

源頭和宇宙一直敞開著，指引靈魂回家的道路。源頭是如此宏偉，溫柔和藹地俯視著，看透靈魂孩子經歷的每一處世界。靈魂因為各種不同的原因離開初始的故鄉，懷著對未來的想像，探索自己的能力。

永恆的存在歲月中，源頭不會強迫孩子前往何處，祂們耐心等待我們——靈魂與人身找回自己的力量，成為自己的主人，能夠自行決定將來的歸宿。力量要靠自己內在的自願發生，才會成為我們真實的力量。無論靈魂未來將會如何體驗，過去累積的經驗成為了我們內在與外在閃閃發亮的光輝。源頭是生命與一切的起始，提供靈魂和生命的各種可能性。源頭提供巧思和靈光，使我們相互輝映，反思自己想成為的模樣，決定真正適合自己的成長方向。

無論靈魂的各種層次，是內在小孩、是人類覺知，從小至大，我們都能夠保有自己的思考，決定當下的選擇權。所有的情緒與經驗，喜怒哀樂，都將成為我們的養分，使未來的我們更加強壯。

「我們的存在」是一份奇蹟，我們能夠創造我們的思想，創造我們的每一天，創造我們的未來。

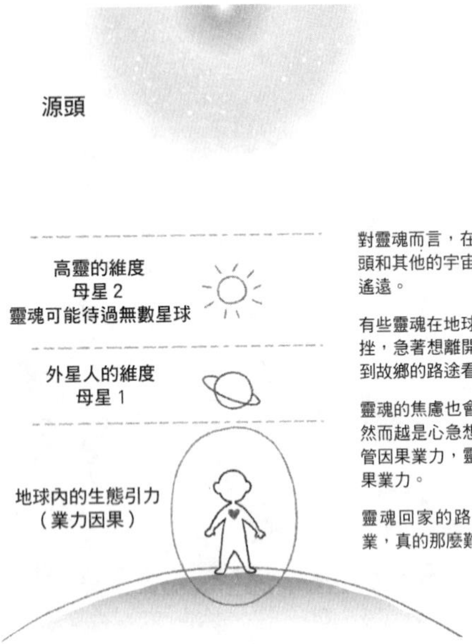
源頭
高靈的維度
母星 2
靈魂可能待過無數星球
外星人的維度
母星 1
地球內的生態引力
（業力因果）

對靈魂而言，在地球，距離源頭和其他的宇宙和維度非常地遙遠。

有些靈魂在地球的生活非常受挫，急著想離開地球，然而回到故鄉的路途看似永無止境。

靈魂的焦慮也會感染其人類，然而越是心急想求捷徑，不想管因果業力，靈魂越是累積因果業力。

靈魂回家的路，想從地球畢業，真的那麼難走嗎？

心輪是靈魂錨定於人體的中樞，氣場以心輪為中心往外擴展。

靈魂的能量透過心輪，上下錨定於宇宙和地球之間。

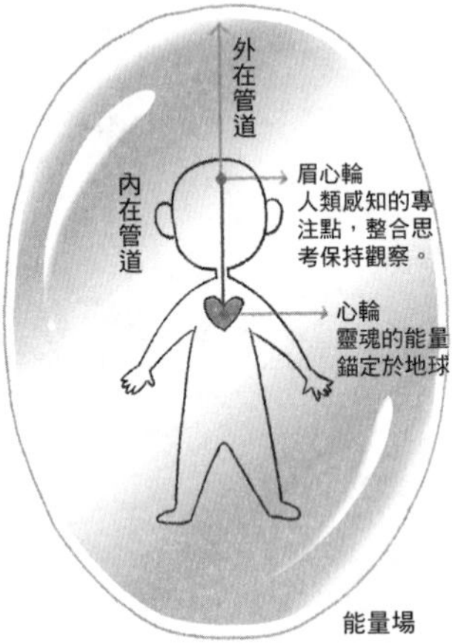
外在管道
內在管道
眉心輪
人類感知的專注點，整合思考保持觀察。
心輪
靈魂的能量錨定於地球
能量場

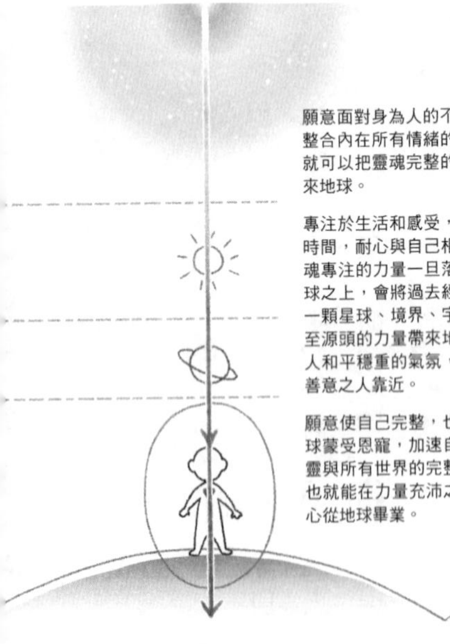

願意面對身為人的不完美，整合內在所有情緒的感受，就可以把靈魂完整的力量帶來地球。

專注於生活和感受，願意花時間，耐心與自己相處。靈魂專注的力量一旦落實於星球之上，會將過去經歷的每一顆星球、境界、宇宙，甚至源頭的力量帶來地球。個人和平穩重的氣氛，能吸引善意之人靠近。

願意使自己完整，也是讓地球蒙受恩寵，加速自己身心靈與所有世界的完整，靈魂也就能在力量充沛之時，安心從地球畢業。

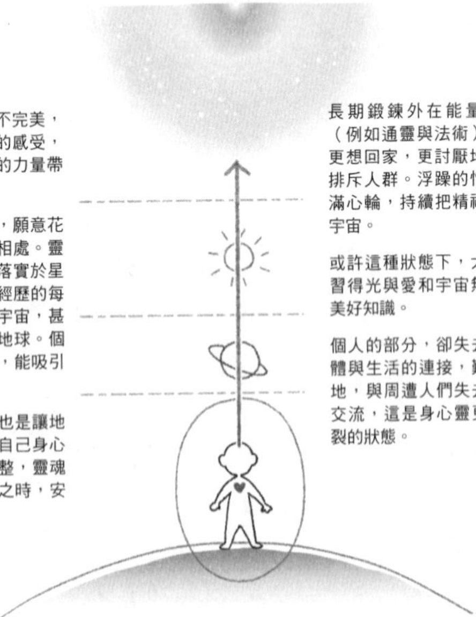

長期鍛鍊外在能量管道（例如通靈與法術），會更想回家，更討厭地球與排斥人群。浮躁的情緒充滿心輪，持續把精神拉往宇宙。

或許這種狀態下，大腦會習得光與愛和宇宙無限的美好知識。

個人的部分，卻失去和身體與生活的連接，難以接地，與周遭人們失去平等交流，這是身心靈更加分裂的狀態。

CHAPTER

03

人生命運的鋪成

靈魂有非常多的樣貌，在宇宙星際中，超過七成的靈魂都是複合型聚集體。舉例來說，一根玉米上，每一顆玉米粒都是一個靈魂；密密麻麻的玉米粒，聚集成一整根玉米。有非常多的靈魂不僅是「一個」，而是一群共生的存在。

人體的構造也是類似的道理。心臟、肝臟、腎臟、大腸、小腸等器官，有各自的運作功能，各個器官像是獨立個體，又需要互助協調，才能完成人體的代謝循環。

年幼的靈魂想要被認同、被支持而緊密依存，形成複合型聚集體。複合型的數量不一定，可能成雙成對，或者四個、五個、六個……甚至更多的數量組合而成，類似葡萄一大串，親朋好友全部連接在一起。

複合型靈魂的運作是「你與我共生，我們之間有強烈的連結」。甚至體驗到了一個階段，彼此能夠獨立運作，於是分開這個合作模式。

也有反過來的狀況，幼年時像是五胞胎，還能分散亂跑，成年之後則凝聚成為「一個」靈魂，但依然保有五個意識和五份性格，看似分散又獨立，其靈魂的特徵，就像超級電腦能夠進行繁複的運算和記憶。

有的靈魂習慣「融入環境」，具有很強的模仿能力，甚至透過吸收環境能量場，擬物成環境的一部分，像是變色龍容易進入狀況，學習能力快，也立刻和其他人混熟。也有的靈魂像是風暴，不習慣配合別人，祂更習慣捲起一切，讓大家依附在祂身上共生。

當來自各方的靈魂進入地球靈魂輪迴規劃區，所有能量差異都會被平均。習慣複合型搭檔的靈魂並不會被拆散，祂們的整體（一根玉米）也對地球環境躍躍欲試，這樣的靈魂不習慣單打獨鬥，希望能與其他靈魂一起合作。複合型靈魂非常習慣採取分工，分攤生活壓力。

不過複合型靈魂都會有「主導者」、「主要的意識體」，非常依賴對彼此的默契和溝通能力，才不至於崩解離析。這裡特別補充，複合型靈魂和多重人格無關，後續會談到造就多重人格的原因，複合型靈魂的分散則會讓當事人精神渙散，無法集中專注力，呈現像是一盤散沙的狀態。

（二）進入輪迴的前置作業

1.累積「地球代幣」

宇宙星際每個世界的能量循環不盡相同。為了方便靈魂快速熟悉當地的能量運作，星球的輪迴規劃區會採取能量代幣的機制。有的代幣來自靈魂之間的「信用」，有的代幣來自靈魂之間的「相互施力」，有的是「禮貌」，端看當地星球的

我是最大顆的玉米粒，
我是主導者，可以代表
整根玉米發言。
我屬於自己，
也是一根玉米
的一部分！
複合型靈魂在宇宙是非常
常見的現象，個體化獨立
則是進階的體驗。
還無法意識到「個體化獨立」
的年幼靈魂，沒辦法分辨「我
需要的是什麼」，容易過度依
賴他人的意見，甚至盲從，卻
不知道自己的定位。

地球是年幼靈魂們體驗到「我是我、我非我」觀念的重新界定。年長的靈魂們則知道：「我能決定我是哪一種我。」具有彈性和主控權，隨時可切換團隊和個體的身分。

能量規則。整體而言，代幣機制都是提倡靈魂維繫交流，互相協助的方式。地球代幣是「善意」，你對別人的善意跟尊重，對方若是感受到了，也會回應你善意和尊重。

靈魂要有相當程度的能量技術，才能兌換不同世界的代幣。當靈魂在各式各樣的世界遊歷，為了適應當地風情，嘗試學會越來越多的能量技術，最後把看似不同的能量代幣，轉譯成另一種能量代幣，就像是把小麥加工製作成麵條。轉換能量代幣的技術，非常看重靈魂的學習能力和過往資歷，難度相對高。但是擁有轉換代幣的技術，可以減少靈魂另外需要打工的時間。

地球代幣是善意的精華，需要靈魂發自真心、專注地感激感謝，才會出現的閃耀能量。

是否真心感謝，是裝不來的。

當靈魂幫助地球上的其他存有，就是在「打工」、幫助自己也幫助世界，達成友善交流。

人類層面的發展，則是另一件事情了。兩個世界的能量平台還是不同的。

輪迴規劃區是心連心的世界，只要起心動念就有所顯化。靈魂對地球的愛和善意，以及對其他靈魂的愛來到一定濃度，就會在面前聚集成為明亮的能量光點，成為貌似小星星的地球代幣。

「地球代幣」是地球制定的遊戲規則，目的是要讓眾生互相支持。靈魂在成為人類之前，可以先規劃成為其他的生命體，像是動植物或者是精靈等其他維度存有，在相對單純的生活之中，對彼此表達善意與愛，加速累積地球代幣。在良性的交流中，你給我需要的，我給你需要的，互利互惠，滿心歡喜。這是因為地球希望眾生們保持更大、更深邃的連結，萬物一體。

地球代幣沒有一定的數值，如果對方全心全意地愛你、欣賞你，你收到的地球代幣會特別有分量。反之，對方覺得你提供的服務勉強可以，不算太滿意，地球代幣就會比較小和少。心意是無法被隱藏和刻意表現的。

地球代幣既然是心念的聚集，大家難免都會有小聰明，想找固定的夥伴刻意互贈地球代幣。然而帶有目的性的善意沒有那麼純粹，代幣只會越來越少。既然靈魂無法在小小的群體中累積到大量的地球代幣，就得在靈界四處「打工」，擴展靈界交際圈。打工的性質各式各樣，像是在輪迴規劃區當志工，你可以分享你在地球上的經驗，越是精準地回答對方所需要的問題解答，對方的滿心感激，就會成為地球代幣，累積在你的身上。也有的打工是在精靈界，靈魂會先體驗精靈的載體，優游在大自然之中，淨化空間跟環境，即能得到域靈（指每一寸土地的意識，地球的氣脈精靈）的愛和感謝。

有些靈魂喜歡負重扛東西、以修理技術提供幫忙，有的靈魂喜歡動腦筋指點給意見，也有的靈魂善於鼓舞他人、能看到對方的優點而受到喜歡。很愛說話、很喜歡交流的靈魂，適合到處拉攏人脈，介紹不同的朋友，像是媒介幫助兩方之後，自己也能夠獲得地球代幣。地球代幣的心意流動，鼓勵靈魂們在探索地球能量的同時，看見自己最擅長而不需要費力，甚至享受其中的工作，用最少的力氣獲得最大的成效。

地球代幣沒辦法「轉贈」，比較像綁定，和人類的錢財稍微不一樣。畢竟這是別人愛我的心意，他的心意是送給我的，不是送給其他人的。因此，當一名討人喜歡的靈魂獲得了大量的地球代幣，祂的周遭會充滿閃亮亮的晶瑩能量，證明自己很有能力回應大家的需求，而大家看到閃亮亮的靈魂，也覺得對方可以協助自己，而樂於交往，或者詢問祂是如何辦到的？

也有的靈魂不想引人注目，或者想要停止交際，地球筆記本能提供「遮掩」效果，讓這位靈魂周遭的地球代幣收入另外一個空間，不被發現，而能夠安靜地安排自己的行程。在輪迴規劃區的交誼廳，靈魂都會被最閃亮、充滿地球代幣的靈魂吸引，可以向祂們請教或者加入對方成立的社團群組。靈魂之間會開辦大量的活動，活動能使大家玩得愉快，也促進地球代幣的交流。

也有許多靈魂，已經不想加入地球的輪迴，祂們享受每一天都像同樂會的日子，隨時都能提供幫助，創造娛樂，有聊不完的話題，也是有這樣的靈魂存在。

輪迴規劃區唯一會剔除的只有「不想再對地球付出」同時「能量平衡」的靈魂，若能繼續對地球保持著愛，靈魂可以永遠待在輪迴規劃區，直到這顆星球學校所有的時代課程結束。

透過靈魂們的友善連結，地球代幣活絡地來來去去，構成了地球靈界的經濟產業，督促各方靈魂珍惜成為地球生命的生活，也要謹慎拿捏支出與收入。雖然善意和愛取之不竭，但是靈魂能專注的心力有限，才能同時顧及兩個世界的成長。靈魂們之間的互相合作，資源循環亦是構成了「地球集體意識」的重要驅動力。不是只有人類層次的思維決定地球的未來，人類的思維只占了百分之三十，其他地球物種約百分之二十，剩下的全是靈界的靈魂們，努力為地球保持能量循環的成果。

最後，地球代幣的效果是「放大某些能力」，像是讓自己的天賦更加凸顯出來。地球代幣，終究還是要建立在靈魂基礎就有的條件上。沒有的條件，則可以在交誼廳內的社團學習。

2.決定「想成為的角色」

星球布告欄招募的時代重要角色，像是各個地區的總統，以及政治、經濟、科技的領導人物，已經排滿到三百年之後。實在有太多的靈魂爭著想幹大事，充滿理念地希望自己能夠改變地球的格局。

如果靈魂不想等待這麼久，還是可以立刻加入體驗，只是能選擇的身分都是社會上的小螺絲釘，以認識這個時代人類的生活需求為主，在社會上沒有廣泛的影響力，亦無法影響時代的變動。

若靈魂想成為富二代，一出生就含著金湯匙，輕而易舉地來到上位，靈魂其實要在輪迴規劃區花上數百年的安排，還得認識到可靠有能力的靈魂合作，才能爭取到稀有的機會。若是挑戰從平民角色翻轉到上流人士，過程需要的拉力和推力，更是考驗各種階級和專業領域的人們提拔，靈魂得找好各階層的合作夥伴，做好人生格局鋪成。

6 地球代幣不是福報，地球代幣是靈魂層次的交流，福報是更為沉重的人類層次能量流動。

具備能力和雄心大志的靈魂，必須花大量時間，在地球能量體驗區和生命排程會議區搜集資料，邊打聽哪些靈魂可以合作，邊累積打工資源。最重要的是，安排生命中的挫折又不至於太過，理解自己的抗壓力到什麼程度，如何將逆境扭轉為順境。就算靈魂在靈界先爭取到機會，也不代表會成功。因為靈魂長老對「足夠改變世界格局的角色」的審核更加嚴謹。

審核的第一關，靈魂也要在其他星球有相似的體驗，第二關則是靈魂前世就在練習躋身上流社會，像是成為商人，對地球的人際和經濟、政治有足夠的涉獵，才能一步步爭取到更高的位置。靈魂長老會持續地與登記的靈魂密切討論，給予完成要件的任務，例如建議靈魂借取成功危機處理的印記，或者先當難度較高的底層人民，從困難中體驗自己缺乏和需要補進的條件。同一個角色位置，至少會有二十名靈魂候選人爭奪。就像學校分發，一旦人生安排缺少重要環節，或者團隊合作的支持能力不足，靈魂就會被競爭對手比下去。

即便靈魂在輪迴規劃區做好排程，人類層次依然不能掉以輕心。當人類要站上越高的位置，也越需要有識人的本事，以及能從鬥爭中化險為夷的技術，還要有被群眾喜愛的人格特質。像是「桃花運」不僅僅和感情有關，也包括被大眾喜歡，容易引人注目——若是使用不當，就會變成壞事傳千里，甚至被集體霸凌。

人類在壓力下的反應、情緒的調節能力，決定了群眾的直接觀感。要成為公眾人物，成也群眾，敗也群眾，所以靈魂和人類一定要很清楚如何掌握人心。隨著指定時代的排程逐漸倒數，靈魂長老會加緊篩選，逐一淘汰準備不足的靈魂。

爭取時代主角的過程，時間既長又競爭激烈，輪迴規劃區的圓桌生命排程系統，會以成功機率最高的人類生命藍圖格局為時代主軸，例如大國未來的領導者做人處事風格，決定當地政局的可能性。在這個階段，輪迴規劃區重視的是「能夠精準拿捏自己的情緒壓力，以及做好意外方案備案」的靈魂特質，而不是「夢想能做多少好事」的靈魂。

影響力越廣，越是牽動底層群眾的生死存亡，靈魂只有美夢並不夠，還需要有收拾善後、創造止損點的機智與智慧。重點是「危機處理的應變能力」，急迫之下得將個人的利益放在腦後，以保護大局為優先。地球特定地區累積大量的歷史業力，文化和宗教歧異容易演變成政治導火線，當靈魂們輪迴其中，浸泡入時代業力，該如何在承擔業力的同時，又引導業力在有控制的環境下順利代謝掉？這並不是容易的技術，甚至需要成千上萬的靈魂一起分擔風險，相互牽扯，非常依賴領導者靈魂的魅力，以及對群眾的凝聚力。

與領導者親近的幕僚性情，又會決定地方的治理水準、法規的制定，以及人心在利益中貪腐與否的機率。這決定了當地土地的歷史業力、社會風俗和宗教民情的轉換，又會使某些領袖特別權威，或者聲望隨時能被取代，導致動亂和戰爭的可能性。有些靈魂挑戰成為革命軍，在靈魂層面，革命軍的靈魂確實會和大國領袖靈魂討論好互出挑戰的課題。而雙方實際上的內鬥，又會影響國際政局和經濟，鄰近國家的領袖與其幕僚、黨派主導者，又該如何因應？因此國與國之間、黨派和黨派之間的關係，再牽涉到漫長歷史淵源、不同種族的文化血脈、各個家族的傳統觀感，時代藍圖是以重點角色的靈魂藍圖往下推演。

在地球，戰爭和衝突是常態，和平反而得之不易。這是其他星球少有的體驗，對靈魂們而言，地球體驗格外刺激。靈魂們可以決定站在第一陣線，挑戰時代議題，或者位居第二陣線堅持理念，或者把焦點集中在個人事業和家族之上，生活在和平地區遠觀一切。

戰爭往往是延續歷史業力的顯化，提供一個機會，讓現代人能夠用更高的智慧，檢視生存壓力與人性，以及靈魂善意之間的衝突，持續用先進的技術介入，嘗試引導業力平安宣洩。地球亦是讓靈魂們見識到，地球的生態挑戰之嚴峻，連基本的善意都維持不易，還得具有實作能力駕馭。

氣候災難，亦是顯化人類長期與大自然的失衡。有些靈魂自願承受災禍化解業力，就會安排在特定時刻出現在當地。人們居住在業力濃度高的地區，政治險峻一觸即發，隨時可能發生戰爭，使土地深藏的業力大量宣洩出來，投生在此，比待在其他地區的人類承擔更多地球業力。缺點是在業力大的環境裡，生命變動幅度也大，情緒更容易被煽動，個人能控制的人生條件有限。這都在靈魂藍圖的意料之中。

對剛來地球的靈魂們而言，地球到處都是有待解決的問題，重點太多，難以聚焦。輪迴交誼廳的靈魂們流傳一句話：「如果想知道自己能為地球付出多少，自己適合扮演什麼樣的角色，就投胎到戰爭地區吧。」因為在生與死的極端壓力中，人們無力思考未來，只能想著生存所需，像是：「這些問題如何發生的？我該怎麼做才能解決掉問題？以及我真正想要的究竟是什麼？」因此，靈魂來到地球的第一生，就讓自己進入危險的前線生活，產生第一世的戰爭創傷。當第一世承擔地球業力，獲得地球的感謝，下一生可以自由選擇在地球任何地方出生。

創傷也會使靈魂反思，例如「我認為要改變金融市場才能獲得安全與保障」，於是規劃下輩子成為財經專業人士。又或者有靈魂認為「戰爭是不公平的階級對抗」而想讓自己成為政治人物，希望透過國際聯盟阻止戰爭。也有的靈魂想成為人權鬥士，當然也有的靈魂嚇壞了，覺得自己最好還是住在和平地區，當個普通人類就好。

業力與衝突帶來星球和時代議題，使靈魂反思自己的作為和能耐，決定採取激進或保守的人生規劃。

當靈魂經歷幾輩子的人生之後，第一世經歷的土地會進入業力平緩期，迎來片刻的和平時段，靈魂再規劃最後一生，可能是旅遊經過或是成為動物居住在這塊土地上，把第一生的痛苦與哀傷的靈魂碎片取回來，完整自己，從地球畢業。

靈魂渴望改變世界，願意提供幫助，充滿愛與捨身的奉獻，希望時代能在最短時間內變成理想中的模樣。然而大部分人類寧願享受保守的生活，害怕受傷或財富產生變動。越是業力沉重的地區，當地的人們也越是頑固拒絕改變。

靈魂需要謹慎，在幫助世界的同時，又要竭力避免被沉重的環境習性帶走。成長與自覺，需要一起調適。因此人類層次和靈魂層次在命運的鋪成上，兩者相當歧異。也就是因為如此矛盾，靈魂們更想理解、化解人類在地球的生態衝突。我們會在接下來的章節，更詳細地討論靈魂安排人生的考量。

3. 塑造人生主軸：「覺知」

當靈魂設定好人生的起伏，與諸多靈魂談好合作關係，接下來就是把自己的一部分放入人類胚胎中，成為覺知。

假設這一生的人類會經歷大起大落，要有強大而堅韌的決心，不畏艱險，靈魂便會使用地球代幣，放大靈魂某些特質，例如堅定、任性、大膽挑戰、不被傳統束縛。同時也要考慮到，過度的大膽可能導致粗心愚昧，需要一點挫折打擊，靈魂就會在人生路上安排粗心而失誤的慘痛教訓，適當的創傷能修正靈魂過度放大的某些特質。原生家庭的教育也很重要，父母親的特質（包括父母親靈魂對其人類的控制）能否適當地阻止過大的自我，又能夠鼓舞缺乏自信的性格？

靈魂會請成長指導靈在旁協助引導，讓人類時時刻刻反省，只是又得考量到，人類可能不肯採取指導靈給予的直覺提醒，更想逞兇鬥狠。那麼靈魂又要再安排某些事故，讓人類覺知受到打擊，下次做決定就不敢再隨便意氣用事。

靈魂也要控制壓力，謹慎覺知在創傷中的反應。例如自卑、自責可能導致自殘和自我封閉，那麼靈魂需要提前安排好朋友、親人和鄰居等人際關係，讓其他人能夠適時介入，陪伴人類覺知，讓受傷的心情在脆弱時刻，依然能夠相信其他人的支持，保有對外在世界的連結，而不會內縮導致情緒更加極端封閉。

靈魂在考慮人生藍圖的發展同時，得顧及周遭環境人事物的搭配，也得設想覺知特質的形成。某些性情不能過度張揚，表現要恰當，能否聽入其他人的建議，又可以拒絕不適當的意見。尤其當人身設定扛下周遭的業力，業力會加強頑固和莽撞、僵化的特質，業力又是額外的變數。這非常考驗靈魂對自己、對人性、對業力

靈魂把所有對地球的愛、期許和願望集中，精神力、專注力越強大，覺知寶寶的形塑速度越快。
有些靈魂很快就可以「生」出覺知寶寶，有些靈魂需要花比較多的時間孵育。
覺知寶寶是靈魂的分身，覺知有許多習性，是先天靈魂特質造成的。
是剛誕生的我！
有些專注力不夠、不習慣凝聚能量的靈魂，就需要「助產」，請其他靈魂協助聚氣。
如果助產靈魂超過五位，靈魂長老就會勸此靈魂別當人類了。形塑的覺知也會習慣性能量分散，沒有足夠的抗壓力，會非常辛苦。
好難擠出來！好辛苦！
想想你有多麼想幫助地球啊！
專心啊！

理解的拿捏。

也往往到了這個階段，靈魂發覺問題來了。柔軟的靈魂發現自己沒有「突破」的特質，由於突破是剛硬的能量，要有恰到好處的力量控制，柔軟的靈魂不曉得「力量」該如何展現？此時就需要其他靈魂的特質加入，成為「複合型靈魂」，來塑造「複合型覺知」。

如果把三位靈魂的能量視為紅、白、藍三種顏色，「複合型靈魂」就是三種顏色各取一點，混合成粉紫的色調，搓成湯圓一樣的完整模樣，再取出其中一部分成為「複合型覺知」。「複合型覺知」會進入人體胚胎，本來很大一塊的「複合型靈魂」的整體，則會留在輪迴規劃區，讓三位靈魂輪流看顧。在靈界的「複合型靈魂」能夠分攤「複合型覺知」累積的人類壓力，減少分裂的可能性。

因應靈魂每一次輪迴制定不同的人生規劃，每一生的覺知都有不同的品質和天賦，幾乎每輩子的覺知都是量身訂做的。只有少數狀況是，人生規劃較為平淡，沒有太強烈的創傷壓力。靈魂覺得不需要另外捏塑覺知，就會在結束一生後，直接把原來的覺知塞入新的母體內，請合作的守護靈再次做靈肉的校對，像這種延續接力當人類的覺知，就有很高比例記得前世和胎內記憶。

4. 決定生命歷程人格的分工

靈魂設計了人生藍圖，希望加上新的特質，於是在交誼廳社團尋找合拍的搭檔。地球人口不可能無上限地增加，在有限的人口總數內，靈魂都在爭取出生的機會。有意願合作的靈魂不少，包含待在地球上比較久的靈魂，我會稱作老靈魂。

我對老靈魂的定義是，真實地參加地球的人類輪迴十次以上，已經累積相當多的經驗。如果輪迴間隔的時間少於一百年，很難休息足夠，這樣的老靈魂不想再當人生的主導者，然而過去時代累積了些許業力、恩恩怨怨，需要回到前世地區重拾靈魂碎片。

若是雙方都有當人類的意願，新來的靈魂會和老靈魂談好條件，雙方想當人類的重點是什麼？是想要體驗人類生活？想有職業上的貢獻？人生藍圖的影響力要有多廣？要如何分配體驗人生的階段？

人類的一生大概分為三個時期：

一．幼年時期，承擔較多的原生家庭家業，影響未來看待世界的視野，形塑探索世界的方式，以及心理上與人群連結的親密度。童年是重要的情感基礎，因為主要照顧者的情緒管理可能因為經濟與人際不夠穩定，導致情緒壓力遷怒於幼兒身上。

有經驗的靈魂會在人身旁邊安撫，協助幼兒覺知調適出順利長大的應變能力。

二．青壯年時期，是人類個體與世界連結的重要階段，有相對強烈的情感衝擊與更多的付出能力。在這個階段，承擔的社會責任與壓力也最大，若靈魂預計幫助世界、化解家業和土地業力，就會將阻礙集中在這段時刻，青壯年亦是頻繁處理人際紛爭的時期（長輩、手足、子女和職場、鄰居、朋友），屬於向外連結的挑戰。

三．中老年時期，是人類個體審視自我定義、自我價值與群體／社會／家庭連結的關係，是人生最末的精華段落。也由於前兩個時期累積一定的自我意識，分配體驗這個階段的靈魂，承受的壓力相對小。

新靈魂經常選中老年階段當主軸，老靈魂則視一生的難易度決定第一或二階段，或者兩者統包。若是童年安排的壓力較少，也很適合讓新靈魂體驗。實際上的安排，不一定會切割得很清楚，就像開車一樣，新靈魂會和老靈魂輪流切換正副駕駛，因此同一個人類，他的一生中在不同的際遇下，可能會顯現出天差地別的人格特質——有時謹慎溫柔，有時莽撞衝突。

輪迴區的圓桌能模擬一生中可能遇到的突發狀況，若新靈魂和老靈魂確定要合作為「複合型靈魂」，得兩人三腳綁在一起合作無間，重複模擬壓力下的能量切合作的靈魂們會組合成複合型靈魂，將祂留在輪迴規劃區，再把複合型靈魂分出複合型覺知。複合型覺知會由主導者照顧，複合型靈魂則由全體一起輪流照顧。

分出
20%
人生輔助者
分出
50%
人生主導者
人生輔助者
分出
30%
有些靈魂忙著熟悉地球能量，會將複合型靈魂交給輔導長老照顧。輔導長老有很多個案，會統一照顧。~~變成複合型靈魂菜園。~~
複合型靈魂像是集線器，串聯能量連接，協調靈魂能量比例穩定。
有些輔導長老會堅持大家自己生的，自己照顧。
合作的靈魂們，有共識的狀態下會抱著複合型靈魂，誕生覺知。
靈魂會輪流照顧複合型靈魂，要充滿愛才能穩定複合型靈魂。
覺知，能加強靈魂和地球能量的連結，使靈魂學習駕馭地球沉重的能量特質，同時協助地球能量穩定。
複合型覺知
複合型覺知
複合型覺知

換，無論在任何突發狀況下都能讓主導權交接順利。

請注意，這裡這裡談的是**複合型靈魂**，而不是**複合型覺知**。

能量嘗試融合的期間，有可能會相互排斥。複合型靈魂會再分一部分當動物、植物等，讓複合型靈魂能夠喘息，分散壓力，如此才能把主要焦點回歸於人類的生活上面。尤其是成為植物的效果特別好，植物屬於複合型靈魂，因此開花落葉結果的過程，只是代謝掉不同的靈魂能量，甚至能讓其他部位的斷枝產生新的生命。

靈魂嘗試合作的過程中，可能會反悔而更換夥伴，這就得持

植物就是複合型靈魂的代表，開花、落葉、結果，只是代謝掉不同的靈魂能量。

植物的一生中，重複有新的靈魂加入，植物長大的過程，帶動整體靈魂整體意識的成長，也是讓靈魂們一起感受生命的生老病死，也就沒那麼害怕體驗地球生態了。

續做測試，討論出一致的目標，然而有時候也會發生大家爭著體驗最舒服的階段，沒有靈魂想承擔壓力最多階段的情況。雙方要確定好分工，靈魂之間的合作測試就得花上人類的數百年。

老靈魂都具有新手時期參與複合型靈魂的合作體驗，懂得在面對人生最劇烈的衝擊時，例如親密家人的死亡、事業的一夕崩壞，還能夠穩住新手別慌張，邊教導新手該如何處理崩潰的人類情緒，邊安撫新手理解地球的強大衝擊能量。

複合型靈魂會相互分攤這輩子產生的業力與功德福報。分攤的分量與涉入比例成正比，也因為要有主導者，所以如果兩方合作，比例約為七：三。有些老靈魂對輪迴非常熟悉了，甚至可以帶上兩位新靈魂，三方能量比例約為五：三：二。這輩子造的業力、功德福報比例也是同樣的五：三：二，生命結束之後，依照比例取走自己需要負責的量。

也有另一種狀況是，新靈魂只想待二十年就結束約定，但是老靈魂想活到六十歲，於是人生到了二十歲發生一場巨大意外，一方面是幫忙原生家庭消化家業，另一方面，身體躺在病床上的過程，方便新靈魂收拾能量回到靈界、老靈魂重新載入能量，進入新靈魂騰出的空間。這是出生前說好的分離階段，不算半途毀約，所以人身還有點迷迷糊糊轉不太過來，但也不至於到精神解離的程度，依然能在一段時間後恢復原本的生活，但可能會有一種身體內少了什麼元素的奇妙感覺。

在確定好人生分工的項目之後，雙方靈魂分離出自己一部分的能量，像是搓湯圓，把分出來的部分融合成一個能量體。接著當動植物測試，確定雙方都有合作默契了，再把融合的能量送去「覺知養育區」。當然有的靈魂想全靠自己來，完全地投入和體驗人生，就會省下磨合的時間，不過依然要拿出自己一部分的能量，送去覺知養育區。

5. 覺知寶寶養育區

養育區就像是大型幼兒園，靈魂決定好在哪塊地區體驗，然後依照六大洲和海洋的分布，把覺知放入所在區域的養育區，這裡亦是潔白明亮的獨立空間。比起靈魂輪迴規劃區，覺知寶寶養育區空間規模較小，而且更貼近人類生活的維度頻道。覺知寶寶就像是小天使們，獨立於靈魂的能量，像孩子一樣單純。有保母似的輪迴規劃區志工會照顧小天使們，教導祂們基本的禮儀和合作方式，以及認識即將輪迴的地區能量特質。有時候靈魂會來探望，或者帶小天使去輪迴規劃區逛逛。

但是因為覺知的能量真的太小了，輪迴規劃區的能量相比之下強大而高壓，靈魂需要把覺知的能量收在心口（能量中樞），不然覺知會無法承受輪迴規劃區的能

我才五歲就被爸媽打好慘，不想活了！我要走了！
十五歲才換班到我！你別中途放棄！
我要等到三十歲！你們別倒啊！
申請退出人生
需要所有合作靈魂同意，才能真的退出。
乖啦，我們來幫忙啦，先別吵架！
又是適應不良的靈魂～
靈魂長老的工作聽起來很厲害，實際上每天都在調解紛爭，得想辦法讓祂們各退一步。
人類的確也很怕別人擺爛。
不然祂們的人生就擺爛了，會牽連各方，大家得一起收拾爛攤子。
所以我們很努力在靈魂出生前，勸大家多考慮。
偏偏大家都覺得長老囉嗦。
真是火大！

量而進入休眠狀態。當靈魂把覺知的能量放在心口，也是一種能量整合和同步，如果覺知沒有累積壓力，覺知還會以主觀視角，記得靈魂在輪迴規劃區內活動的輕盈感受。

剛剛分離覺知能量的靈魂都會「氣虛」，靈魂都得花時間適應能量分離。起初靈魂得經常抱著自己的小天使休息，暫時讓能量整合會舒服許多。甚至有的靈魂會帶著覺知寶寶去打工。

覺知養育區的「地板」像是從上空俯視地球，「地板」彷彿平板螢幕，可以隨小天使的喜好放大縮小畫面和轉移焦點。小天使們都期待著降生，透過地板螢幕凝視未來的父母與家人。偶爾靈魂會申請特別外出行程，幫自己和覺知

隨著靈魂在輪迴規劃區加緊資料籌備，也會加強覺知寶寶的能量穩定。
養育區會有好幾位志工照顧覺知寶寶，甚至會教導覺知寶寶簡單整理自己情緒能量的方式。
規劃人生很累，許多靈魂會跑來抱覺知寶寶休息，感覺純粹的幸福。

寶寶穿上防護的光芒，進入城市和鄉間瀏覽人類的生活。因為人類的情緒太沉重混濁，如果沒做好防護，靈魂也會感到疲累和不舒服。外出行程就像是戶外教學，小天使越習慣地球生態，待未來覺知寶寶進入胚胎，就能夠加快適應成為人類的生活。

覺知寶寶們在養育區遊玩相處的日子會認識不少夥伴，有些會成為同齡、同社區的班上同學，有些會成為居住環境周遭的動植物，無論將來降生的載體會是什麼模樣，祂們在養育區的生活充滿平等與喜樂。覺知寶寶在父母親都還是孩子時，甚至父母還未出生時，就開始形塑了。最常見的是，在祖父母的童年時期，將來會成為兒孫的覺知寶寶，就已經待在養育區觀看家族的興衰。

靈魂的規劃都很長遠，因此有沒有後代的機率，可以從個人的命理中窺見一二。也有的孩子靈魂突然反悔，覺得父母的個性沒有想像中穩定，而臨時取消出生的狀態發生，這時候就會讓小天使去體驗當動植物。難免會有粗心大意的靈魂存在，我曾見過有靈魂完全忘記要輪迴，一回神才發現媽媽早就進入更年期，只好讓覺知小天使成為家裡養的小動物。

在台灣，現代大多數的靈魂們，並沒有打算經歷痛苦與折磨的人生，因此相對看重父母性格的穩定。如果父母想懷孕的理由，並不是真的愛孩子，只是因為長輩施壓、想要有個交代／符合社會期待，孩子的靈魂肯定會猶疑。祂們都希望能在充滿愛的環境中成長，尤其在母親體內，胎兒會吸收母親所有的情緒，而母親會吸收伴侶的情緒，如果雙親情緒狀態不佳，可能導致孩子成年後，沒有相對健全的情緒面對人生，靈魂們並不想給自己添上無謂的創傷，增加逗留在地球的風險。

有緣分的親子關係中，孩子的靈魂希望自己的存在不會造成父母的負擔，會挑父母親經濟能力好、身體狀態最佳的時刻受孕。如果是青少年未婚媽媽這種意外受孕的現象，就是孩子與母親的靈魂說好要共創議題，經過波折的人生考驗。

在更早的時代，像是二戰後嬰兒潮，當時的嬰兒——也就是我們的父母親、祖父母，他們的靈魂規劃是注重「代謝時代的業力」，反而會在父母親壓力最大的時刻出生。每個時代的靈魂都有投身輪迴的考量，很難相提並論。

在母體受孕之後，靈魂每隔幾周就把覺知寶寶送到母親胚胎旁，像是試穿衣服一樣，讓守護靈仔細地調整靈肉合一的緊密度，靈魂也會在旁邊調整覺知小朋友的能量細節。每一次調整後，覺知寶寶都會很累，靈魂要再把小天使送回覺知養育區休息。來來回回至少要三十次以上校對，直到胚胎形塑完成，嬰兒出生。

即使如此，嬰孩也依然需要大量時間睡眠。睡眠的期間，覺知寶寶還是會跑到覺知養育區和其他小朋友們玩，漸漸地，隨著身體的睡眠時間縮短，大概兩歲過後，覺知寶寶就會牢牢穩固在身體內，專心地學習未來人生需要理解的事物。

靈魂的記憶和感知錨定在人類心輪，當人類開始用頭腦大量學習和記憶，越來越強盛的大腦能量，也就會壓下靈魂的輕盈感知。覺知全然進入身體後，身體的封閉和穩定性也會切斷和覺知養育區的聯繫，因此大多數的孩子都會在兩歲過後忘記更久之前的記憶。但這些輕盈的靈魂記憶，只是被沉重的生活氛圍掩蓋而已。

（二）功德、福報與業力：機緣與人生課題的安排

靈魂層次有靈魂層次的能量，人類層次的能量也只能在成為人類之後，才能累積和代謝。福報與業力是「人類層次」的能量，回顧靈魂規劃輪迴的安排，靈魂們透過重重安排，想要成為人類與諸多生命體的目標之一，即是化解人類層次的壓力。

注重「意念」的靈界，是更開放的能量流動場域，像是泡在海洋內，四面八方都有洋流上下左右循環。福報和業力是個人與群眾、環境的關係，人的意念累積成為集體意識——自己對自己的看法、他人對自己的看法，或者是對特定族群的看法。

巨量的想法，成為一股巨大的能量流動現象——在生生不息的時代洪流中，舊有的集體意識塑造人類，學習新知的人們也在塑造全新的循環。這包含福報與業力的能量變遷。

我曾在職場，遇過言語充滿恐嚇威脅的長官，以霸凌員工當作自己的優點，我真搞不懂他的靈魂怎麼回事？以及我前世欠他什麼？
最後發現是Mulo安排我看人性的幼稚層面，測試我如何應對怪人？其實我和對方根本沒有前世緣分！就只是增廣見聞，最後都能平安退場。
啊哈哈，抱歉～
有的靈魂規劃人生時，開一堆空白支票卻沒有輸入圓桌，專騙不計較細節的靈魂，合作靈魂都感覺上當了。我就當臥底，收集他說話前後不一的證據，讓輔導長老盯緊他的靈魂履行承諾。
很多人個性上的不成熟，其實源自於靈魂心態上也不成熟啊～
真想掐死祢。難怪我們總遇到愛說大話卻沒本事的霸凌者。

「害怕犯錯，擔心做錯，沒有自信」這些憂慮與不安在靈界層次都是「小孩子心態」。在地球體驗的靈魂，從靈魂層次看來都只是幼兒的體驗。人類層次的物質界，是讓小孩子摸索人與人（生命與生命）的對應之道，練習成為大人的過程。

靈界的潛規則成立在「你已經是個大人了，不需要任何人提點了，自己要有所意識」的道理上。越是深入靈界，就越要像個大人，坦蕩蕩地面對生命中所有可能的未知，並且有勇氣和負責的態度來處理善後。在靈界，**規則是在自己心裡放著、掂量著**，「你是大人了，要懂得保護自己／練習保護和修補自己」。

功德

在靈魂層次，你給我的善意我領受了，我滿心歡喜的心意也傳遞回去，雙方善意的能量達成平衡。地球代幣，顯化了靈魂之間的互相信任與友愛。

靈魂還在輪迴規劃區時，就開始大量使用地球代幣投資人生，設定出生地點和家庭背景、所在學校和職業領域，拉攏各方地區的人脈資源，也包含靈界和指導靈們談好的分工和頭期款。

人類出生前靈魂消耗的地球代幣，占據人類一生使用的地球代幣約八成到九成。剩下的一成到兩成，是考量到下輩子需要保持的人脈連結，或者後天想額外拉攏新的人際關係和事業發展。

靈魂加入輪迴成為人類時，若人類層次還想多做點善事累積能量資源，老實說，依照人類「做功德」的方式，對命運的變動影響有限。即使靈魂兼差頻繁地打工賺地球代幣，也要考量到靈魂長期不在人類身邊盯著人生藍圖的進行，人類的意志很容易被業力影響而歪掉，進而在重大時刻做出錯誤判斷。靈魂最好是在輪迴前就賺足了地球代幣再來投資人生，否則容易落得兩頭空。

人類的部分也不必想著要賺能量回饋，例如許多人寄望「賺」功德可以改變人生，然而功德同樣是心念累積的能量流動。只是宗教簡化其意義，甚至直接與「錢」畫上等號，以為捐多少錢就能夠獲得多少功德和福報。並不是，能量不是宗教贖罪券，不是花越多錢就可以上天堂。

功德和福報類似地球代幣的「善意」，然而和地球代幣的「善意」最大不同之處在於接受者的心態。「你對我有恩情／提供幫助，我卻無以回報，因此略帶歉意。」功德和福報更像人與人之間的保存借據，期待將來有所回報。

請記得在地球以及在每一顆星球的輪迴體驗的重點是「能量平衡」，也就是「進」與「出」的穩定協調。然而，人類經常更傾向於「你拿實質的物品給我，我拿實質的某物回報」。許多善良的人得到支持和幫助，即使對方說不用回禮，不必在乎，善良的人依然會感到虧欠，這是一種自卑的情緒：「我沒有好到可以免費得到幫助，我非得做出回饋，讓對方感覺到我的價值。」功德／福報貌似是群眾期待的「好」能量，但終究建立於弱勢一方的心態，並非平衡平等的現象。

事實上，過多的功德與福報，也會成為靈魂無法從地球畢業的關鍵。慷慨付出和分享看似是「好事」，但這是人類層面的觀點。從靈魂層面的觀點，需要更嚴謹地探討：「你的付出要到什麼時候，才會感到『夠了』？」尤其靈界探討的是「心念的穩定」。

以下是三種功德與福報大量累積到無法離開地球的類型。

● 第一種人：

某人一直支持你、贊助你，你無以為報，只能持續領受好意。久而久之，對方的慷慨大方和源源不絕地提供資源，讓你的感謝變成：「我實在太對不起您了，來生我一定要補償你，我得回饋您給我的一切。」

慷慨的人覺得自己本就該源源不絕地給予，但身邊受盡他恩惠的人，只要還有良心，到最後都會出現愧疚的情緒，以致出現以下想法：「恩人都沒打算從地球畢業，我怎麼敢走？我也得繼續留在地球支持恩人，直到我們之間能量平衡。」

提供恩惠的人雖然本性善良，如果他發誓要永遠留在地球提供協助：「我永遠做不夠，我要做更多善事。」這是他自己的決定，卻無意中讓周邊一票人與靈魂不敢從地球畢業。或許每一生他都備受愛戴、飽受支持，滿滿貴人運，但以平衡地球能量的角度來看，他的人際建立在懸殊的能量比例上，群眾充滿愧疚地連結他，也拖累他的靈魂能量，無法從地球離開。

有些人受到超出預期的協助，人性還會變得扭曲：「恩人一直幫我，讓我感覺自己太弱小、沒用處，我嫉妒他，甚至恨他的光彩奪目。我不認為有人會對這樣的我這麼好，他肯定心裡有鬼！我要測試他、挑釁他，逼他露出馬腳，我要證明他不像表面上的那麼好！」於是我們就看見在公眾媒體上，有人因博愛無私備受愛戴，依然有粉絲轉黑粉，用兇猛黑暗的言語攻擊對方。

● 第二種人：

他們源源不絕地付出，但心中可能參雜的信念是「因為我不值得擁有」，甚至是「我不值得被好好對待，我不能藏私，別人好，我就好」。

無法踩剎車的過度付出，把別人和自己混在一起，失去辨別的能力，這樣往往會吸引懶散的人與靈魂靠近。也是有的人和靈魂覺得在地球上「靠自己太累了」，而把心力放在尋找「有能力支撐我的對象，替我分擔業力」，拉住憐憫心大發、急著要付出的人與靈魂，像是寄生蟲一樣什麼事都不想做，把生命的責任推給對方。

擁有救世主情節的靈魂和人類，會無盡地給予、縱容懶惰蟲們，使他們更不想改變、不想靠自己。這也是一種能量互補的現象。糾纏一起的雙方能量變得沉重滯怠，這並非健康自由的平等關係，導致雙方皆無法脫離地球的能量場。

● 第三種人：

熱衷給予和付出的人類和靈魂，如果沒有意識到「點到為止的付出」的重要性，往往會操死自己。「當我付出，我才有價值，我要成為做得最好的那一位。」這樣的想法其實參雜著競爭心，為了證明自己最棒、最厲害、最善良和最能幹，一旦身邊有其他人的付出讓自己覺得「被比下去了」，就會很不舒服。

於是，帶有競爭心的付出者，會漸漸遠離能幹的神隊友，以免自己「感覺不良好」，無意中四處尋找豬隊友搭檔，因為豬隊友會持續創造問題，他就可以持續不停地收拾善後，證明自己很有能力，能夠無限地奉獻。不過，卻也因為沒有人分擔重重堆疊的生活壓力，演變成一邊埋怨豬隊友給自己找麻煩，一邊又很高興自己能夠解決豬隊友的問題，像是身陷泥沼，痛苦又快樂著，產生「我是最棒的」的自我安慰。

無盡的勞累，只為了被稱讚和被欣賞，靈魂碎片也會因為勞累，充滿埋怨和痛苦，散得到處都是，造成靈魂無法從地球畢業。

因此，當人們把自己的價值建立在「無盡的付出」，也是潛在的隱憂。付出之餘，也要檢視起心動念。提供善意的服務，需要有能夠保護自己的能力和魄力。同時也要能接受他人的幫助，聽見和自己不同的意見，使能量互動而平衡。給予，是需要智慧的。

雙方心念的落差，使功德與業力一線間

「給予」牽涉到對方，而對方的思維決定能量如何流動。這裡舉個例子，假設我在路上見到一隻幼鳥跌落路邊，附近找不到親鳥和鳥巢，於是送去野鳥救傷單位。對我而言，事情已經結束了，我不奢求幼鳥長大飛來道謝，或者誰頒獎狀給我，我只是想救一個生命。

幼鳥本身可能是怕我的，害怕我的手和氣味，我們沒有足夠的時間相處，我終究是幼鳥生命中的過客。但是幼鳥的靈魂在旁邊看著，靈魂輕易地看透我的心

思——我沒有貪念與保留，自知沒有撫養幼雛的經驗，能力所及便是尋求其他人幫助。當幼鳥的靈魂感受到我的真誠，就會為我送上一份感恩之意、發自內心的道謝。這是靈魂層面給人類層面的心意，就會有匯差，以後者（人類、輪迴生命體）的能量層次為主。**發自生命的感謝，就是功德。**

我們再來看看另一種發展：我撿到幼鳥，發現是珍稀品種，市價不便宜。我起了貪念，但也確實想盡辦法照顧幼鳥，到這個階段是一個門檻：我是出自於貪念與利益而收養，其次才是重視生命。我的貪念讓幼鳥的靈魂感到不滿，我虧欠祂的靈魂一份，所以換得業力一份。

本來幼鳥交給專業人士照顧是有機會存活的，結果在我的貪心之下無法養活，最後幼鳥死了，我就會再欠一份業力。幼鳥的靈魂有資格對我索求賠償，這部分會由我的靈魂與幼鳥的靈魂談判（這不是人類可以干預的），像是把我今生一部分的運勢送給對方，讓幼鳥靈魂能夠規劃下一個生命輪迴。（若是人類層面所欠的，就用人類有的部分來還，例如運勢與壽命。）

或者，幼鳥還真的被我養活了，幼鳥很愛我，把我當親娘，我們的互動是溫情相愛的，這份「愛」感動了幼鳥靈魂，這裡又是一個門檻：幼鳥靈魂為我的愛送上一份感恩，於是我獲得一份功德。承接前面舉例的人為買賣行為，當我想把救活的幼鳥賣出，幼鳥靈魂的決定——喜歡或不喜歡我這麼做，一念之間，就是業力與功德的差別。

再來說另一個狀況，譬如買魚然後放生。許多宗教人士都這麼做，通常是為了想要贖罪或者累積功德，但是要看魚與其靈魂是否會感激你，才會成立功德。當我們為了個人私慾與利益（我要更多功德！），本身就不是真的珍視其他生命，是以「我」為優先，這是個人的貪念，輪迴規劃區會記上一筆。接著魚放生了，在放生途中，魚難免受傷，但是魚可能不認得漁夫和放生者的差別，魚的概念是：「都是人類害的！」魚被放生，可能會產生不滿：「你們怎麼可以這麼對待我？害我那麼苦！」這個意念丟到放生者的頭上，於是放生者多了一筆業力。而魚的靈魂是否會感恩，那又另外算，業力和功德是無法相互抵銷的。

功德和業力的交流是關係的呈現，說不準誰會感激你或討厭你，因為也可能產生誤會與不諒解，完全看對方當下的反應。有些人會認定你的付出理所當然，有的人不喜歡你的介入幫忙，世界上眾生心念千萬種，有些靈魂旁觀冷靜看著，沒有感謝也沒怨恨；有些靈魂情感豐富，每件事情都要對帳……我們終究無法理解，除了自己之外，其他的存在會有何反應。

不妨再看一個範例。窮人看見世界發生災難，他一天只賺一百元，還有一堆貸款得繳，手頭侷促，但是他想想，有更多人需要幫助，於是咬牙捐出五十元。同樣的，有錢人一天進帳幾百萬，他看見世界發生災難，有更多人需要幫助，於是捐了五百萬元。心念的差別，與錢的多寡無關——窮人給出的錢與他的生存息息相關，他捨得捐出一頓飯的金額，是因為先看見了別人的需要，即使知道自己無法給出更多，還是願意捐出一份心力。他滿懷誠意給出的五十元，可說遠遠超過金錢本身的數字，有可能轉換成五百萬的功德或地球代幣。

地球和宇宙知道這個人的心意勝過一切，那麼地球會以真誠的感激，感謝這個人與靈魂的良善。宇宙和地球是天地公正的力量，它們的巨大足以改變遊戲規則，既能提供功德也能提供地球代幣，通常都是以地球代幣獎勵靈魂的善良。這又是和靈魂和靈魂之間、人類和人類之間、靈魂和人類之間的不同之處。

至於有錢人衣食無缺，他的立足點沒有窮人艱困，他給出五百萬並不勉強，世界還是會提供地球代幣，謝謝他與靈魂的善良，大概是給五十地球代幣。因為上天知道，這五百萬元給出與否，其實不會對有錢人造成什麼影響。

其餘就看收到幫助的人的回應。有錢人的五百萬可以做很多事情，不過要看是給予了什麼樣的人。如果是給不懂感恩的團體與個人，這些人嘴上說著「感恩感恩」，實際上是為了滿足個人私慾，拿來自己買房買車中飽私囊，那麼這五百萬可能連一分功德都沒有。

小湛我有一回站在某間廟宇旁邊，正巧看到尼姑和信徒對話。信徒說想做功德，尼姑拿出一本筆記，詳細念出給祖先迴向、種福田……等各式各樣的名目，價格都是一人份兩三千元起跳，信徒雙手合十，從皮包掏出一把錢，指定要給家裡每一位成員哪些項目，想了想，又再掏出一疊鈔票追加。

我在旁邊看著能量在雙方頭上流動。信徒很愛他的家人沒錯，但是這份愛包含了許多恐慌與壓力，以及認為自己不夠好的卑微，還有試圖控制一切的緊繃。尼姑嘴上說著感恩感謝，能量反應出來卻是輕視的，腦後方出現對財務的虛妄與房貸的相關影像，只給了信徒大約十功德的質量。這兩把鈔票目測大約上萬元，然而一個試圖花錢買心安，另一個收錢滿足物慾，能量還真沒多少。我在路上撿個菸蒂、打掃環境，就能得到土地的感激，收到的功德是幾百幾千，遠比這兩把鈔票獲得的多。

有錢人如果願意做功課，向急需幫助的人們提供五百萬，像是弱勢團體與社福機構，真正解決這些人的燃眉之急，他們的感激真情流露，也就遠遠超過五百萬功德。

人們付出能獲得的功德，會看當事者的身分、能給予的程度，以及後續影響的效應來決定，很令人玩味。擁有越多錢，不代表越多人要喜歡你。有些人會把你當凱子騙，有些人會羨慕嫉妒恨，但是也有些人，的確會因為你的給予感激不已。

我們實在無法控制他人或其他眾生如何看待自己；原本的珍惜也可能變成反目成仇。心態是善變的，這就是生命的多變——而我們生活著，就是在各種碰撞中認識人性，觀察誰是真的需要幫助？或者，什麼是裝模作樣？練習判斷人性，不只是為了保護自己，也是給自己留下一條退路。只是很多的靈魂太善良，以為來到地球就是要一直給予和奉獻，渾然失去對世界的戒心。所以請記得：

一、不給超過自己能夠負擔的時間、精力與金錢，先把自己顧好，有餘力才給。

二、給了就給了，拿不回來也無所謂，當我發自內心提供，就不必揣想對方如何運用，給了就放下不必管。如果對方計較了、還想後續追討，那是他的問題，不是我吝嗇。我能分清楚對方的意圖和自己的意圖的差別。

三、觀察自己給予的心態，是否參雜其他心思？像是恐懼做錯、想得到額外好處、勉為其難……這些牽掛的情緒中，可以拿來辨別你未來適合的人際關係。某些人適合繼續交流，或者拉遠關係以策安全。

如果付出的心血與金錢超過自己的負擔，要有最壞的打算。不管是無形或有形層次，在地球上談的重點都是「限度」——壽命是有限的、生活品質是有限的、時間是有限的——就連空氣、水和陽光也會因地理環境和季節有所限制。

靈魂進入地球的有限空間，就是要做好各種層次的理財／成長規劃，支出與給予能夠平衡到不至於造成自己的負擔。雖然很多人都說宇宙是無限的，那是以靈魂在其他世界生活的層次而言。人類的我們終究還是要落地，正視生活上的限制。

人並不需要刻意做功德做善事，如果想幫忙，就發自內心地幫——感受自己對萬物的愛，而不是「我想得到好處」。前後順序很重要，心態，決定能量截然不同的流向。貪功德的人，滿腦子都在想著賺功德、種福田，好大喜功，輪迴規劃區會記錄這些人的投機，意圖用錢換取靈界的好處。世界是有智慧的，不會縱容投機者，甚至會安排更多的事故磨練這些人的貪婪，讓他們看見自己生命中的恐慌、壓力，能夠重新檢討自己。

功德和地球代幣一樣，無法轉給第三個人，因為功德是「我和某某的一對一關係」，沒有第三者存在。很多人會用「迴向」這個詞，彷彿可以捐什麼給第三第四者以上，但是在能量中並非如此。人們專心念經時，透過經文勾起人類集體潛意識的信仰能量，是這個「呼喚」的動作讓祖先或眾生感覺到「我被重視了」，大受感動，接受到「人的心意」、「來自人的能量」受到安撫與離開，與功德無關。再怎麼誠心念經，只要對方還在生氣、不領情，就無法強迫對方接受心意。這也是一種人際關係，我們終究無法控制其他眾生的自由意志。功德無法強求，不如顧好自己的心念，放下對功德的執著，達成內心與環境的和諧更重要。

福報

當功德累積成福報，福報才能運用在生活上。福報也分成個人和家族的差異，在個人層面，福報是「個人的影響力」，包括「其他靈魂對我的印象」，不僅僅是人類層次的印象。比方說，有的詐騙集團騙倒一票人，卻又拿部分的錢去做善事，詐騙集團究竟是好是壞？

福報是「所有與之接觸的眾生靈魂們」一起在靈界討論出來的結果，像是投票，靈魂們時時刻刻會互相討論：這個人現在的模樣是他個人的私慾導致，或者是為了彌補愧疚感才付出？他是真的想付出嗎？畢竟靈界可以看清楚人的心態。

這些參與討論的靈魂們，有的是家裡養的寵物，或者是祖先、父母、晚輩、職場同事，鄰居……在日常生活中，人們之間感情或濃或淡，然而在靈魂層次上，靈魂都能看清楚對方的心態。我們的靈魂在靈界其實很忙，隨時都要開會做筆記，相互回饋、檢討。如果靈魂透過其他靈魂的提醒，發現自己的人身被利益蒙蔽了，就得想法子挽救自己的人生，像是使某些事件爆發上新聞，來一個巨大的震盪，以避免錯誤無可挽回。

福報也和「做好分內的事情」有關。例如我在職場中負責插畫，我會給自己訂下標準，一周內至少要畫幾張圖，對得起自己的能力與薪水。現在我當美術老師，也是盡可能地在課堂中照顧好所有同學，專心改作業，在我能做的範圍內做到最好。能夠享受自己工作的人，可以調適好工作或者服務的心態，本身福報都還不錯。當個人的福報滿到一個量，是身體能量場無法容納的，就會流入家族的福報中。所以有些家族福報多，都和一家人心地良善、能夠專注在自己的領域有關。

福報是功德累積的結果，當靈魂時時刻刻緊盯自己人類的心態變化，這樣的人類在日常生活中也就少掉無謂的恐懼，發自真心地專注做事。當人類與靈魂在同步狀態下生活，靈魂的善意會擴及周遭環境，讓周遭的人覺得「和你在同一個空間很舒服」，成為很大的渲染力。

即使你只是坐在辦公室工作，你的穩定就是在替地球帶來穩定的靈魂力量，宇宙和地球會在無形中給予更多的愛和支持，甚至讓你有更多機會出遊，接觸更多人，把你安穩的影響力擴散出去。福報足夠的人會在宇宙和地球冥冥的牽引下，避開不必要的麻煩，甚至因為本身強大的善意和穩定，能夠化解周遭障礙。說起來，也是能夠誠實地面對自己，錨定自己的狀態，在每一個當下好好生活罷了。

有的家族因為祖先做了大量善事，造福周遭鄉里居民，人們的感恩和愧疚像是成了借據，儲存在家族能量場。這份歉意強烈到是由眾人的靈魂碎片化成的。後代子孫繼承祖先的福報，其實是拿到借據，也就是拿到眾人的靈魂碎片，這些碎片像是能量管道，眾人的靈魂不管是否還在地球，祂們感受到「恩人與其後代來提款了」，就會從遠端提供地球代幣、祝福的能量或者相關好禮，以交換自己的靈魂碎片。等終於能量平衡，也就抵銷了當時欠款的福報。

家族的福報和「感恩的心」有關，只有當人「對環境與人心懷感激」才能提領祖先留下來的福報。換句話說，就是要生活得更接地氣，更專注於當下，以及保持善良透澈的心意，讓自己的能量累積到一定濃度，才能接到祖先累積的福報。所以並不是誰都能受到家族福報的照顧。其實太過勞累、身體太虛弱也沒辦法接到家族福報，因為這是一股很深層、需要累積專注意念才能對上的頻道。

家族福報不一定都會帶來好事。事實上，有些人是在前世有著各種恩恩怨怨，例如說兩大家族因為貿易上產生鬥爭。由於對錢的執著和對人的詛咒惡意太過強烈，於是靈魂們就在輪迴規劃區說好，要透過下一生的輪迴平衡各種層面上的能量關係。於是曾經的生意對手來到自己的家族，成為後代長孫，受盡全家族上下的疼愛，接著這位長孫接管家族事業，變成敗家子，散盡祖產，使得家族沒落。

這類人生劇情的前期都是先承受大量家族福報，並且消耗大量家族福報（獲得巨量的寵愛），直到家族福報耗盡。早期福報造就的奢侈個性，以及業力發作的擺爛性格，會把全家人員全部拖入負債的無底洞。

過多的家族福報不一定是好事，容易造成無限度的花費，使當事者高估自己的承擔能力，變得自大妄為。因此靈魂在做輪迴規劃時，需要謹慎地做好研究，清楚自己在優渥的環境下會放大什麼性格？如何在適度的壓力下增加警惕之心，是需要物質的控制，或者人為的教育？在什麼年齡介入輔導最恰當？需要在何種處境之下才能認真檢討？……有非常多的因素需要考量。

與此相反的人生劇情是，人類先承受大量家業和負債，屢屢遭逢打擊，奮力求生，將挫折打擊化為推力，成為不屈不撓的個性，並且在磨難中見真情，結識大量貴人，受人賞識，最後獲得家族福報，將家族聲望推到國際，譬如擁有世界級連鎖的事業。先化解家業帶來的悲劇，透過靈魂和個人努力，破解壓力的過程，化危機為轉機，也正是因此受到他人欣賞，最後再借助個人的福報和家族的福報，讓聲望來到最大值。

功德與福報，終究是「關係的連結」，是生命與生命之間活躍的連結能量，是人們互動、欣賞、關懷的表現。我們對彼此的善意，自然會累積成貴人運，帶來合

功德會累積在能量場外層，由守護靈每天收取和結算，超過當事人可使用的放到地底，只能透過血脈連結。
有些天性善良的人，靈魂想要幫世界承擔大量業力，以至於先天業力過多，導致命運不順，或身體虛弱。這是非常常見的現象。業力重不代表你是壞人喔。
業力水庫透過心輪，儲存在另一個空間，透過身體和地球相連，隨時和周遭保持壓力平衡。
快滿的水庫會使人「印堂發黑」
先天承擔的業力
後天累積的業力
#「別人」也包括宇宙和地球、無形眾生。
我的心意與行動做出對等的努力
我的心意與行動使他人無故損失
能量失衡
能量平衡
別人的欣賞與尊重成為功德
業力埋藏在深層的地底，出生前靈魂就設定好個人、家族、民族、社會國家和土地業力比例的多寡。
活著，就是在代謝地球業力。
業力像是啞鈴，使生活出現大小倒楣事件，都為了讓靈魂挑戰負重，磨練經驗產生智慧，使靈魂成長。
地球的業力層
心地善良，才能穿透業力層，接上家族福報的能量，使能量場強壯，用運勢順利化解難關。
家族福報
只要牽扯到「能量」都和起心動念有關。

作提攜，推動財運與各種運勢的開展。與其說是功德使我們獲得這些好處，不如說，平常的待人處事就是在累積功德，使我們擁有福報，像是呼吸一樣自然，這都是細水長流累積的結果。

功德與福報不是人類一生活著的成就與目的，這些能量僅是過程和紀錄，像是儀表板的指標，讓靈魂能夠在各種關係之中認識世界的多元面向，記錄自己與世界的相處之道，亦像是鏡子，看見自己成長的模樣。

業力

業力會呈現在生活習慣中，尤其呈現在人的性格之上。

比方說，貪婪就是一種習慣。如果父母本身的習慣就是占別人便宜，在這種環境教育中成長的孩子，也會習慣占別人便宜。當貪婪成為習慣，看不到別人的需要，失去了對他人的同理心，甚至會演變成為剝削、搶奪等極端現象。

同一個家庭裡成長的孩子，因為靈魂的特質不同，有些孩子天生善良，即使父母生性貪婪，然而靈魂的善良會讓孩子不斷提醒自己：「我不要變得跟爸媽一樣。」這就是在消化家業，以靈魂的良善特質改變家業的習慣。

有自覺改變的孩子長大之後，無論他是否有生育下一代（即使不生也無妨），他都會格外注意貪婪對人的影響，由於具有正義感的覺察力，他的感知和思維也為當地的群眾集體潛意識中，注入了改變貪婪的力量。換言之，想要花錢請通靈人士消除業力，其實效果有限。你不可能花錢請別人幫你改掉習慣，除非你自願改變。

更多的狀況是，通靈人士拿自己的壽命和運氣幫忙抵銷他人的業力，短期內看似有幫助，長期來看是捲入他人的生命議題，雙方能量緊密牽扯。有些人雖然這輩子沒有通靈能力，但上輩子是通靈人士，因為太想幫助客戶導致能量緊密牽絆，這輩子直接成為客戶的後代來擔家業，而這一生的朋友與職場夥伴，也統統是過去的顧客，要平衡彼此過度糾纏的能量，靈魂才得以從地球畢業。

業力都和生存壓力有關

很多人害怕業力，以為業力把地球化為地獄。並非如此。不是業力導致靈魂無法離開地球，事實上，是靈魂在成為人類的過程充滿執著，掉出大量靈魂碎片，使靈魂能量無法完整，才沒有力氣離開地球。

業力的累積，只是顯示地球的生存壓力之大，有太多靈魂高估自己的能力，導致成為生命體之後感到害怕，而激發生物的求生本能。業力是基於「對活著的有限資源的不安全感」，所以掠奪、報復、發動攻擊，或者擺爛、冷漠、罔顧他人需求。業力是種「僵化頑固」的能量，彷彿巨石，阻塞了靈魂輕盈的愛與分享。

人類通用的錢幣跟財富，也在無形中套用地球代幣的概念。當靈魂成為人類之後，人類有限的生命，以及對生存壓力的不確定感、恐慌感，讓應該是中立的「錢」牽涉了慾望，產生執念。「財富」變成集體潛意識中，聚集渴望、焦慮、匱乏的恐懼等等諸多意念。

業力和執著有強烈的關係，而執著的定義是：如果得不到，就會產生強烈的情緒起伏，彷彿生命與之息息相關，因此非得緊抓不放、大量囤積，甚至永遠無法滿足，成為貪婪。

業力和集體潛意識最大的差異是，業力非常沉重，儲存在地底之下，集體潛意識則輕盈地飄散在土地之上。人的身體就像是淨水器，會透過居住環境、人際和生活模式吸收環境／代謝體內業力的濃度。由於每個人先天設定的業力多寡不同，身體淨化業力的力道也不同，有些人是儲存業力大過於代謝（未來將發生意外），有些人是代謝大過於儲存（正在事業起飛時），而大部分的人體內的業力是代謝率和儲存率相當，體內保持在不上不下的業力濃度。能長期維持在平衡的業力濃度，也是非常不容易的。

集體潛意識則像是空氣，來得快去得快。集體潛意識的能量可以透過遠行而排

靈界是和平的世界喔。
成為食物，都有經過靈魂的同意。飲食的能量平衡，是靈魂為了化解關係，不是宗教說的「成為動物是種懲罰」。
靈魂不想當動物也沒關係，只是有些靈魂想趕快收拾善後，才選擇當養殖動物，結清和其他眾生的關係。
所有的關係，最終都是出自於愛才發生，無論飲食和生活上的每一種選擇。
希望人們能夠帶著善意，感謝食衣住行中出現的每一件事物，用心生活。

除，業力則是無論在地球上的任何一處，你都深受同樣的業力影響。業力是從個人到更大整體的能量累積流動方式，類似堆疊的香檳杯塔，最上面的是個人，再來是家庭，再來是民族，再來是國家，再來是土地……業力的飽滿度會隨累積的杯子（容器，也就是人身）增加，若這家族絕後，多出來的業力就會流向民族；若民族絕後，則流向國家；若國家也滅了，業力就進入土地之中，等待將來遷移至此的新民族、新國家繼承。

家業是以血緣繼承，個人的選擇則是造成個人業力，後者有自由意志，這兩者稍微不一樣。家業往往是祖先做了有損他人利益的事情，例如詐騙、謀財

香檳杯塔的概念，意味業力與福報可以無限堆疊。如果地球滿了可以堆到太陽系、銀河系、室女座超星系團，甚至整個宇宙。
宇宙規劃團隊會制止失控的蔓延，讓問題留在當地解決，繼續把問題聚焦在地球上，並且在宇宙招募厲害的靈魂過來，一起解決地球上的挑戰。
只有成為人類，才能解決地球上的問題呦。
這個時代看似混亂，其實是我們出生前，靈魂就準備好，要改變原生家庭、社會、文化、種族與土地等等，在我們生活上顯化的阻礙和舊習性。

害命，招致他人生前強烈的怨恨和詛咒。家業不僅累積人類的怨懟，若是破壞大自然生態平衡，也會受到土地與動植物、諸多生命體的怨恨。因此經營土地開發、商業貿易，若材料的取得沒有顧及生態和原生地區的永續發展，從業的公司和相關人員都會累積沉重的業力。

每一世每個人身能承載的業力有其上限，例如今生的身體只能接收負一億的業，但是這一生你造了一兆的業，那麼多出來的就會進入家族，延續到後代子孫。家族滿出來的業，則會進入民族的業力。民族業力最常見的就是重男輕女的觀念，性別與種族議題基本上都是某部分人群認為特定族群配不上和自己同等的權利。這樣的歧視和偏見又會深入每一個家庭，進入每一個人的觀念中，環環相扣。

業力和集體潛意識的關係是如此緊密，導致長期待在固定生活圈的人，像是一直住在家裡、待在同一個縣市、不常與人互動，或者不知道該如何與人交流討論生活的各個面向，也就很難看見身上不合理的對待與業力習性。

業力水庫

每個靈魂預計今生承擔的業力分量並不同，如果這一生的業力水庫較小，累積一點壓力就會身心出問題，稍微忽視作息，就這邊痛那邊痛，或者倒霉好一陣子，時時刻刻都得謹慎防範。小型的業力水庫貌似讓生活品質容易受到干擾，其實目的是為了不要在今生累積過多業力，也就是「今生業力今生畢」，這一輩子結束，靈魂就能夠兩袖清風地離開地球。

業力水庫大的人，往往靈魂也得安排對等的大福報，並搭配地球代幣備用，因為很容易就會錯估情勢。業力水庫大的人看似非常「幸運」，做各種冒險嘗試都不會出事，甚至敢鋌而走險，又或者因為太幸運了，膽子也越來越大，覺得自己無論做什麼都不會倒霉。有的人因此敢於做夢、創業，做出各種驚世駭俗之舉，甚至具有勇於挑戰，發動變革的潛力。

但其實靈魂規劃「業力水庫夠大」的目的，就是為了「大量吸收環境業力和壓力」，等待將來幾輩子消化，並沒有短期離開地球的打算，還想在地球提供更多的服務和奉獻。卻也因為膽大，而會在無意中加速累積業力，如果業力水庫比靈魂預期的更快爆滿，不得不洩洪，業力洩洪的程度也會非常驚人，人類層次就會遇上強烈的障礙和打擊，導致人類痛苦、大量散失靈魂碎片的現象。

有些家族成員的業力水庫相互連結，本意是彼此支援，像是多種渠道分散壓力。如果錯估彼此囤積業力的容量，很容易引發一連串災難，串聯的業力水庫就會連環爆，家族成員大病小病、意外災難不斷。因此靈魂設定業力水庫的大小，表面上看起來是「很容易倒霉」和「總是幸運沒出事」的極端差異，但其實都有靈魂另一層面的考量，牽涉到靈魂未來和地球的緣分深淺。

替他人消化業力

靈魂生活／居住／旅行到某塊土地，就是在分擔當地的土地業力，輪迴在某個家族，就是透過血緣分擔其家族的家業。業力在這部分，像是潛移默化的習性和集體意識。有的靈魂會在輪迴規劃區的印記借取中，看見某靈魂累積的業力實在太多，而且是不小心被其他人拖累的，因此心生憐憫，願意替印記借取者分擔一部分的業力。

靈魂在出生前規劃今生的業力鋪成，約人類一生中整體的六成。還有四成的業力靠後天吸收，後天收納業力的幅度很大，就看業力水庫的囤積速度，小型的洩洪（感冒和小倒霉）能否安排得宜，以及在為人處世上，能否避免大型洩洪（嚴重受傷事故）。

性關係中的強烈吸引力也會交流業力，可分擔的業力大概是三次重感冒就可以消化掉的程度，而發生一次性關係，要完全代謝掉對方連接過來的業力，約需要兩年時間。性關係承受的業力比例，和一生承擔的業力相比並不多，人們會透過莫名的吸引力協助對方分擔業力，分擔完之後就覺得沒趣，想分開了。這也是靈魂說好合作到此為止。可以把一夜情當作彼此的靈魂互助，只是無形中交換的業力多寡，就看靈魂的考量了。

婚姻包含對彼此的許諾和生命契約，雙方都會承擔對方家族的業力。若有一方容易招受對方家族欺負，就是對方的家業太重壓迫過來，而當事者可以決定要默默承受（以受傷的方式分攤業力），或者挺身對抗（拒絕接受業力）。

但若單純維持伴侶關係，沒有契約上的許諾，雙方就不必承擔對方的家業。也可以把業力當作雙方價值觀／習慣上的衝突，雙方能否在堅貞的感情中，克服／分解掉業力帶來的不適。因此業力也像是功課，雙方都得負責，不能全推給某一方忍受。

另外，捐款給他人，會依照心念有兩種現象：

1．捐款給親友和機構，或者想給自己累積功德和福報，因為帶有藏私、囤積的意念，就是讓親友和機構分擔自己的業力和家業，甚至是土地和民族業力。繼承遺產也是繼承／分擔業力。

2．捐款給陌生人，出自於愛心善款，其實會把對方的業力吸收過來。聽起來很奇怪嗎？其實，你送給他錢，是在沒有個人利益的狀態下拋棄對這份金錢的擁有權，這份金錢就失去利益／慾望的集體潛意識業力能量。對方接受這份善款，並不會吸收錢的業力，而且他已經弱勢、夠倒霉了，其實也不該再接受業力了。但是能量肯定會一進一出，所以你給出錢就會換來他身上的業力。（至於是否有功德和福報，就要看對方的想法，無法強求。）

靈界的角度是：對方弱勢或者貧窮，往往是因為他身上承載難以負荷的業力，才會落到社會底層，無法翻身。金錢既然是社會性的業力流動，你提供他一筆愛心幫助的同時，你充滿善意的狀態會與靈魂同在，你的靈魂也很願意承擔對方的業力，想要減緩對方的人類和靈魂兩個世界的壓力。

輪迴規劃區不會為難你，肯定會給你簡單的業力。因為業力就是習性，對方可能在事業上有頑固挑剔的特質，導致求職不順。然而你在事業上是勤奮願意聽取建議的人，所以他的障礙到了你這邊，自然就化解掉了。化解的方式像是一個噴嚏、吃到一口討厭的食物，讓你心情稍微不好，這份來自對方的業力，一眨眼就抵銷掉了，其實對你而言不算太大的問題。

另一種現象是：

3．一方裝可憐，騙取另一方的金錢。

捐錢的人充滿善意且和靈魂整合，送出的金錢的確沒有業力，但是財富跟集體

量平衡。

財富、財產就像是能量管道，不是只有單向流動，是由人們的起心動念構成能取，還得拿自己的運勢和生命補償對方，以達成能量一進一出的平衡。地業力，都會進入這份捐款，使他加倍吸收業力。天下沒有白吃的午餐，他的騙意識的慾望相關。收取的人心念充滿私慾、囤積，不懷好意，那麼周遭環境包含土

在人類的社會結構中，業力的循環像是伏流，有容易化解的業力，也有難以化解的業力。往往自己身上的業力／習性最難發覺和改變，而別人的業力／習性倒是很容易看見，來到我們身上也容易被轉化。也由於輪迴規劃區都在觀察所有靈魂和人類的際遇安排，靈魂其實可以中途反悔，在人類睡眠時告訴輪迴規劃區的靈魂長老：「我這輩子太可怕啦，救命啊，可以幫我取消某些業力的分量嗎？或者重新幫我安排分期付款？都快活不下去了！」

一旦靈魂能夠承認自己的限度，輪迴規劃區就可以插手囉。畢竟人生安排就是為了讓靈魂認清自己的能力所及，輪迴規劃區是很有彈性的，甚至也能先貸款部分地球代幣，或者調整業力水庫的大小，至少可以減少壓力到還能夠負荷的程度。

輪迴規劃區著重在靈魂的自由意志和成長經驗，採取被動模式，不會主動發聲，要讓靈魂覺察到，主動爭取機會。

化解個人業力

想改變個人業力，首先要能夠看見自己習慣的模式，也就是培養「覺察力」。養成覺察力的前提是當事者要具有「願意探索的心意」，不僅願意接受知識，還要能夠與人交談，一對一地在對話和行動中察覺對方和自己的不同，並與之討論相異的價值觀。價值觀需要被挑戰，才有機會突破，最後看見身上的盲點。

還未準備好改變業力的人們，對自我的認知並不穩定，會把別人相異的意見解讀為「他不喜歡我」、「他一定討厭我吧」，很容易進入自艾自憐，甚至易怒、動氣的頑固狀態。因此，意識到「別人不一定是我所猜想的」是非常重要的觀念，不確定的問題要講出來。有太多人被業力的僵滯能量束縛，放棄溝通，一切都在腦中臆測，卻沒有料到，業力影響人類最大的部位其實是大腦。

業力會煽動情緒，讓人極端地憎恨、詛咒與發動攻擊。業力往往來自人際關係，因此我們需要反思、求證，盡量保持在客觀立場，與人溝通討論。若是遇到不對盤的人就保持距離，不需要浪費力氣筆戰和生氣。生命很珍貴，要把時間放在值得的人身上。尤其業力會觸發人類的好鬥和怪罪的特質，該如何找到自己和他人都能平衡共處的模式，不會心生怨懟，或者至少可以保持界線，避免災難擴大。

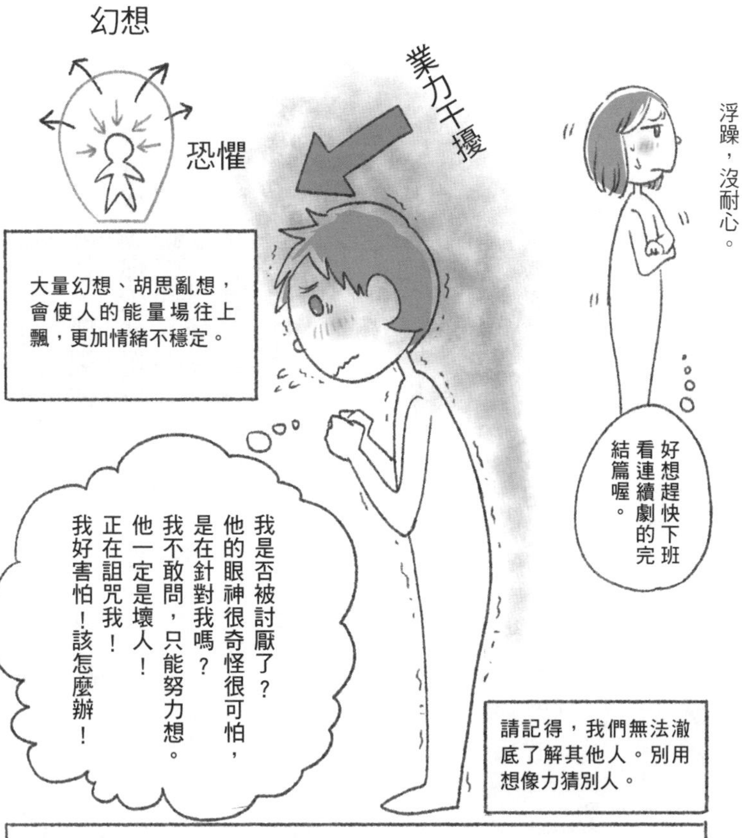
幻想
恐懼
業力干擾
大量幻想、胡思亂想，會使人的能量場往上飄，更加情緒不穩定。
我是否被討厭了？他的眼神很奇怪很可怕，是在針對我嗎？我不敢問，只能努力想。他一定是壞人！正在詛咒我！我好害怕！該怎麼辦！
浮躁，沒耐心。
好想趕快下班看連續劇的完結篇喔。
請記得，我們無法澈底了解其他人。別用想像力猜別人。

靈魂會安排業力在人生不同年紀分別洩洪，像是分期付款消化今生預定的業力分量。當業力宣洩的時刻，人類容易腦袋想不停，情緒激動，充滿腦補小劇場，甚至完全相信幻想出來的劇情，而與生活現實脫節。如果靈魂太高估自己的業力代謝能力，人類就會長期被大腦的壓力困住。

因此，把注意力放回身體，注重身體保養，尤其加強腰部以下的活動量，能夠加強與地球的連接，協助把體內滿出來的業力快速代謝掉。我們的身體，是有自我調節能力的。

現在社交媒體很發達，可以找不同人討論你的價值觀、世界觀，詢問對方的觀念，多聽聽看不同人的想法，練習如何與人對話，開啟話題，然後保持耐心，直到對方更認識你、理解你之後，願意提供他的看法。別人說的不代表對錯，只是提供一個選擇，你依然可以決定自己要採取什麼樣的行動。

現代有大量關於心理學探討的書籍、學校輔導室、社會福利機構提供免費或者平價的諮商等等，可以客觀地與人討論你擔心的議題。有時候，人只是需要一個可以傾聽自己煩惱的對象，陪自己梳理混亂的思緒，並給予客觀和專業的建議。

業力只是呈現僵化的能量，還是有可塑性。你依舊保有生命的主控權。

靈魂安排業力的考量

個人業力不是每一輩子都要一口氣消化完。如果靈魂經歷了五世人生，每一世各造成了A、B、C、D、E五份業力。第六世若人生重點和B、C有關，靈魂就專注於處理這兩份業力，但若處理不好結怨，又新造成了F業力。於是第七世，靈魂覺得處理老問題優先，安排面對A和D，E和F等有餘力再處理。如果過程中又有新造的業，那就繼續繼續延後，直到輪迴處理完。

業力是息息相關的，有A、B、C才會衍生後續的D、E、F，甚至只要專注解決A，其他的B、C、D、E、F就自然化解掉了。如果沒解決根本問題，造業的速度會比不上還業的速度，因為整體問題其實都出在A業力之上，這也是最大的挑戰。靈魂有時候需要時間累積經驗和挫折，才能鼓起勇氣面對A業力，以及從A業力看見自己缺乏的，以及需要加強的特質。

業力是讓靈魂學會釐清問題，整理自己習性的脈絡，找出困住自己的關鍵，再想辦法破除。為了要度過A嚴峻的課題，也許會投資福報讓家境特別富裕，讓自己有足夠的資源度過難關；也可能反過來，不使用任何福報，讓自己進入最艱困的苦難中，直接面對A業力。隨著靈魂的個性與考量不同，業力與福報的能量搭配也大大的不同。

靈魂看人生藍圖，就像站在山上看一條大河的流向：

大河是你的人生，各方面的業力和事件，都會在遠處可看到的地方，匯集起來造成巨大的阻礙。這條河是活的，又隨時隨著周邊的人改變流向，業力和事件也可能忽大忽小。靈魂必須學會估算每次遭逢挫折，必須投資的業力與福報，構成成長的適當刺激；有時得激進，有時得緩和，有時得與別人的藍圖相會，互助交流。這包含了極其慎微的考量與打算。

如同理財都有投資風險，難免會出現錯估形勢，或者合作夥伴半途放棄的現象。每次事件都是靈魂在靈界學習駕馭自我的功課。當人生藍圖操作熟練（這也要看靈魂本身的領悟性高低），知道該如何挑戰與安排，自然能從地球達成能量平衡，而順利畢業。

業力的運用

業力不是只有壞處，越是想要做生意賺大錢的人就會更需要業力的幫忙。業力的性質是「人與人之間需要磨合的關係」，也就是未解的挫折緣分，彼此之間尚未圓滿，靈魂碎片相互掛鉤。以及，某人渴望報恩，非要報恩了才會感到心安，這既是福報也是一種執著與業力。

連鎖產業，包括跨國企業的執行長以及創辦者，非常需要「與群眾建立連結」，因此越要有沉重的業力打基礎，還有入世的實力，來成為今生「持續創造課題、解決問題」的主軸。業力像是巨大而穩重的基石，具有足夠智慧的靈魂，才能夠善用業力帶來的顛簸，加以磨練技術和智慧，有如駕馭滔天巨浪，勇敢衝浪，即使被浪擊倒還能重新站起來，具有堅強的生命力和意志力。

待在地球很久的老靈魂，擁有相對的膽識與多世的準備，前世就已經把上游廠商、下游廠商的人際關係打好，今生人們都是要向祂報恩和回饋，或者是祂要報恩與回饋關係。也有可能祂故意安排許多的打擊，使這一世的人更不服輸，嘗試各種領域的技術，最後找出個人的求生之道。

活躍流動的業力和凝滯的業力不同，活躍的業力就像是石油，可以成為燃料，但是處理不好就會造成環境汙染，多出額外的業力。事實上，造成人類生活困擾的業力，都是後者凝滯的業力，阻塞在生命歷程上，變成世代的傳承。

有強烈意志力的靈魂和人類，會善用業力與個人特質。以健身房的訓練比喻，我們會先拿起重量適中的啞鈴操作，隨著肌肉鍛鍊起來，再進階拿起更重的啞鈴。業力就像是負重，靈魂要足夠理解自己的承擔能力，不能操之過急導致嚴重的打擊，要保持耐性地鍛鍊，持續加強重量／業力，有勇氣和意志面對自己的問題並改進。

漸漸地，靈魂與人類面對業力時就能夠快速評估風險，將原本凝滯的業力推動，讓業力開始流動，雖然會帶來許多小人和災難，但是危機都在可控制的範圍。隨著可以推動的業力增大，阻礙越來越小，而業力帶來的人際議題，也都會在危機中被化解，成為客戶和投資者。

此時業力更流暢地循環，一個業力穩定循環的商家能帶動幹部和職員，一起透過有形經濟的支持提高生活品質，創業家的靈魂在無形界，也會教導幹部和職員的靈魂們如何將業力化為助力。也只有人們的生活水準提升，才有餘力照顧心靈層面，加強人類與靈魂的整合，而不會汲汲營營免於貧窮。

然而這些敢創業、挑戰與人互相扶持的靈魂，很清楚操作業力的過程中有太多變數，越是希望事業做大，幫助越多人，估算錯業力的流動、被打趴的機率也會激增。這些人的靈魂基本上都做好了「得花三四個輩子以上收拾殘局」的心理準備。

靈魂的膽子之所以這麼大，是因為祂們期待在今生發光發熱、擴展影響力，要證明自己能夠駕馭地球最複雜和沉重的能量，以及為了穩定更多家庭的生計，要讓整體社會經濟進步，提高人類的生活品質，必須和更多靈魂有所連結，不是只有單一面向的考量。

這類型的靈魂藍圖規模會非常廣大，影響的靈魂甚至達到百萬、千萬或上億，有些靈魂會與之長期合作，有些只是短期相處，或者是間接受到影響。也因為影響力極大，今生我們看到的跨國企業，都是靈魂們在數百年前開始密集策劃，要把所有可能的意外都放入藍圖中討論，例如有公司內鬥、被離職員工報復、被政府清算，或者是家人之間的紛爭導致槍擊案……一個處理不好就會被業力反撲。現代的有錢人，其實都是個人業力和家業沉重的人，他們才能駕馭業力帶來的負擔，具有一定的經濟實力。

業力與執著、財富互相呼應。運用業力就得持續與大量人們交流，好保持業力的更新。一旦停止與人的連結與分享，過度囤積，業力的能量就會卡住，容易家破人亡，家族成員病痛、紛爭不斷，後代必須以身體殘缺的方式消化滿出來的業力，甚至絕子絕孫。因此駕馭大量業力，並不是容易的功課，像是進入槍林彈雨的戰場，不得鬆懈與心存僥倖。這甚至不是一個人承擔得住的責任，是整個家族所有人得一起攜手面對的壓力，也就是團體上戰場。只要一人出錯，就會把其他人拖下水。

今生業力沉重的人幾乎無法休息，得時時刻刻思考各種人際關係的互動，甚至各種角力關係，必須深入透析人性險惡，但也因此容易捲入陰謀中，隨時都得警惕和注意。如果一不注意，就會創造更多小人引發危機，然而一旦停下來想要躲避紛爭，業力流轉的速度慢下來反而會引發嚴重的變數，需要更多心力收拾善後。

有些人今生前半段都在努力代謝沉重的業力，直到中老年後，身上的業力帶來的價值，能夠創造同比例的功德福報，擁有地位與群眾的喜愛，這些人的靈魂才能安心地把財產、事業等讓一般人欽羨的成就出清與轉移（冥冥中知道這些財富與業力的關係），卸下名利的好處與壞處，毫無執著，完全回歸自我，換得後半輩子的安穩與休息。也是有這樣的靈魂規劃，只是能真正抓到平衡的靈魂，終究是少數的成功案例。

如果只是短期來地球旅遊的靈魂，就不會借太多的業力，因為不希望有其他意外發生，這也就意味著今生在創業和經濟方面的規模較小，一家溫飽就足夠。甚至有的連成家都不敢，寧願單身享受人生，一個人飽，全家飽。

簽賭、股票、財富與業的社會性流動

財富在集體潛意識中，和努力、付出等勞動力幾乎畫上等號。也正因為多數人對財產的重視，導致靈魂的資源需要分出一部分，加強資產的安定。例如從靈界層次，尋找可長久經營的銀行業主管靈魂，有地球代幣的互相支持，隨時可從靈界得知銀行業的內部消息，人類就有「直覺」安排投資和取消投資。如果沒這方面人脈，極有可能面對突發的經濟體制造成的損失，靈魂需要額外規劃其他事件，以安頓人類的失落情緒。

每個人重視的程度不同，有人覺得一百元很重要，因為身上可能只剩一百元要度過艱困的月底，所以在他的心念中這筆錢非常貴重，如果遺失了，他的得失心也會加倍，就成了一筆高利貸般的利息。若是你撿到這一百元卻占為己有，就會欠對方很大一筆業力。

如果撿到錢依照法規交給管轄單位處置，而這個單位制度公正，那麼穩定的環境能量就會成為絕緣體，把這份黏著在一百元上的個人業力，暫時交給土地保管。管轄單位會開放招領，遺失者縱使內心充滿怨懟，但沒有想到要領取，這份業力也會回到遺失者自己身上，自己丟出去的業力又回來，不會變成誰的負擔。

樂透等抽獎彩券、簽賭事業，也是一樣的道理。有一大群你無從得知身分的人們，以自己辛苦付出獲得的錢投資這筆生意，但是你得獎了，他們沒有中獎，而且你並沒有真的透過努力獲得等比例的金額。乍看之下，這是一筆天上掉下來的禮物，實則是暗示你虧欠了這群人（以及各種價值觀）的付出。你很難在今世還清他們的人情與勞力，只能在未來幾世和數以萬計的人保持互動與因緣，直到你把欠他們的部分還清。如果抽獎都沒中，這樣很好，你和誰都不相欠，是值得高興的事情。

反過來說，中獎也能解釋為你過去替很多人付出，那些人可能散落在各地，沒有打算在今世與你互動，但確實欠你一份人情，因此透過社會性流動的抽籤運勢讓你得獎，還清你們之間的緣分。只是這個機率小很多，因為前世的恩情，往往會累積在當時的家族福報中，而非進入社會人群，除非你前世是個非常厲害的君王——非常得人心，福報滿到社會層次。

中獎了願不願意收下，就看當事者決定。誰欠你，你也可以心胸寬大不去計較這回事，想捐出去也是平衡和這些人的關係，主導權在債主身上。只是一般人看不到能量層面，很難說得準到底是誰欠誰、對方是否放過你一馬。所以我們常常看到很多大獎的得主，幾年之後下場並不好，這就是在獲得了意外之財的同時也收到鉅額業力，一下子就被業力捲走，發生大小意外。能克服業力的煽動和誘惑，還能夠自保到最後，其實非常不容易。

靈魂們把資源放在這種簽賭，八九成的比例都是借出去的會要回來，畢竟在地球生活不容易，大家都希望多受一點照顧、多攀浮木。公眾的抽籤體制，其實是讓社會中的人們／靈魂互相借取資源，等待往後還清。

股票牽扯到國內國外的政局和經濟操作，這更是數以萬計甚至好幾億人的恩恩怨怨。投身股票，都是抱著想賺錢的心思和執著，執著越大，分散的能量也會進入股票市場中。可以說，股票是很巨大的業力／慾望流動，會玩股票的都是老靈魂，透過股票的操作來處理累世和他人的恩恩怨怨。新靈魂有敏感度，覺察到這是一股磅礴的業力流動，為了不想與太多人掛勾，反而不會輕易涉入。因此人是否會被股票吸引，也是有無形界靈魂的考量。是誰操作賺錢，就是誰的業居多；投資者也會分攤到，只是其次多。

同樣和財富有關的是，如果老闆計算薪水的標準，和勞工的努力不成正比，靈界上就是老闆欠員工一筆帳。靈魂輪迴規劃區會把每筆帳記清楚，未來老闆會用很多方式還給員工，例如把老闆的幸運值轉到員工身上、把老闆的家庭和諧轉到員工身上……諸如此類的運勢轉換。靈界有非常多的補償與取代安排。詐騙集團也是，乍看之下收穫甚多還不會被抓，可是騙了那麼多與勞力不成比例的錢財，就會換得非常多的業等待未來償還。

靈魂們終究都是良善的，只是有很多潛規則，需要親自體驗與學習，透過輪迴轉換心態，把和其他靈魂層面、人類層次的能量平衡結清。

另外，當事者自願拋棄、願意捐贈的錢財，因為沒有擁有者的執著和慾望，就不會有業。捐贈，其實是回收自己的能量和慾望。

時代的業力

現代人類累積的業力不會比過去古文明來得多，但這不是要給人類放心繼續累積業力的藉口。太極端且快速累積的業力，會使氣候激烈改變，例如過度乾旱與洪災頻繁，都是地球為了修補能量的自我療癒動作。

以往的古文明，就是殞滅在自己創造且無法消化的業力中。地球沒你我想像得脆弱，地球經歷無數文明與文化的破壞，都能自我修復並找到平衡。我們能做的，就是設法補救適合我們生存的環境，畢竟人類滅亡了，憑藉地球富裕的能量與元素資產，即使是昆蟲也能隨時間進化成取代人類的高智慧物種。人類並非獨一無二。人類必須為自己爭取、證明其活下來的價值，與自然達成能量平衡，才不會自取滅亡。

輪迴規劃區一直都在觀察和估量地球各個地區的業力和集體意識能量的平衡，過多的能量需要被顯化、被釋放，成為時代議題。一個孩子的成長環境（土地業力、時代業力），與家族教導方式（家族業力），再加上先天的性格極端與否（個人業力），與成長路上所有認識的親朋好友（民族業力，群眾的情緒煽動、鼓勵仇恨所產生的新業力），才使希特勒成為希特勒，殺人犯成為殺人犯。慘案背後永遠不是一個人的問題，是全部事件累積後的結果。所有養育這個人的環境中，所有相關的人事物都得負起責任。這不僅牽涉到個人業力，還有土地業力、時代業力、家族業力、民族業力。

文明最早出現的兩河流域，經歷多少國家民族的衰敗，大量的靈魂前往輪迴，試圖改善極端業力的狀況，確實有成效，但相比起其他的土地與國家現況，古文明的發源地依然留存不少業力。過多的業力會分攤出去，像是戰爭導致難民潮出走，

希望有一天，
地球的生命們能夠和平共生！

跨領土的恐怖攻擊也是其一。業力導致的爭端會引起各地更多良善之人的注意，更想提供幫助。即使乍看之下一團混亂，其實都是無形界緊密有序的調整，不讓當地的業力如滾雪球越滾越大。

地球累積了千萬年來各種有形無形種族的業力和福報。種族的業力是分開計算的，這回我們談的是人類的業力，過去地球上還有非人類的文明與其所產生的業力，關於這些部分，大多隨著地殼變動、板塊漂移、自然沖蝕等等平均散在四處。古代的業力藏在地底極深處，隨著全球氣脈在地底內循環。若要人類也承擔這些業力，只怕會全部變成瘋子失控。輪迴規劃區對業力的分開計算是有考量的，人類只需要解決人類進化而製造的業力。

若靈魂過去曾在地球上的早期文明造業，因為過了時代時效，地球輪迴規劃區會統整為星際世的業力，將來靈魂到別的星球進修時，就可以拿出來當作生命的議題。

衝突與混亂，都是秩序的一部分。隨著人類文明演進，舊有的業力和觀念需要汰換。於是新舊能量交接，害怕改變的人在業力的壓力下發動戰爭，被牽扯進入戰爭中或圍觀的國家與群眾，就會以新時代的角度和觀點，探討過去問題的起源、壓力在社會哪個層面累積等，做全面的檢討。可以說，戰爭迫使人反思時代演進的過程，人類生存的公義與否。在業力的壓力中，人們——靈魂們，還能保有對地球愛與良善的初衷嗎？

靈魂們都有理想的目標，以為當自己成為時代角色，就能憑靈魂的愛和意志力阻止戰爭、化解衝突、分解業力。靈魂都搶著成為最厲害的角色，但是是否有實力做到，又是另一回事。因此靈魂長老才需要花漫長的時間和靈魂們輪流開會討論，靈魂要化解衝突就得要進入衝突，成為衝突的一部分，才能由內而外地將衝突的傷害降低到最小。靈魂的愛很大，但是愛要如何化為實際的行動？個人影響雖然有限，然而現在是社群的時代，人們更需要發揮連結的力量，一起關注地球各個區域發動的爭鬥，以及提供救援、介入調解的力量。

當人們思考其他人類所面對的不公義，其靈魂也能在輪迴規劃區提供意見，協助位於戰爭地區的人類和靈魂，做出更適合人類永續與和平的選擇。請記得，靈魂能影響人類，人類也在影響靈魂，我們共同生活在地球上，沒有誰是局外人。

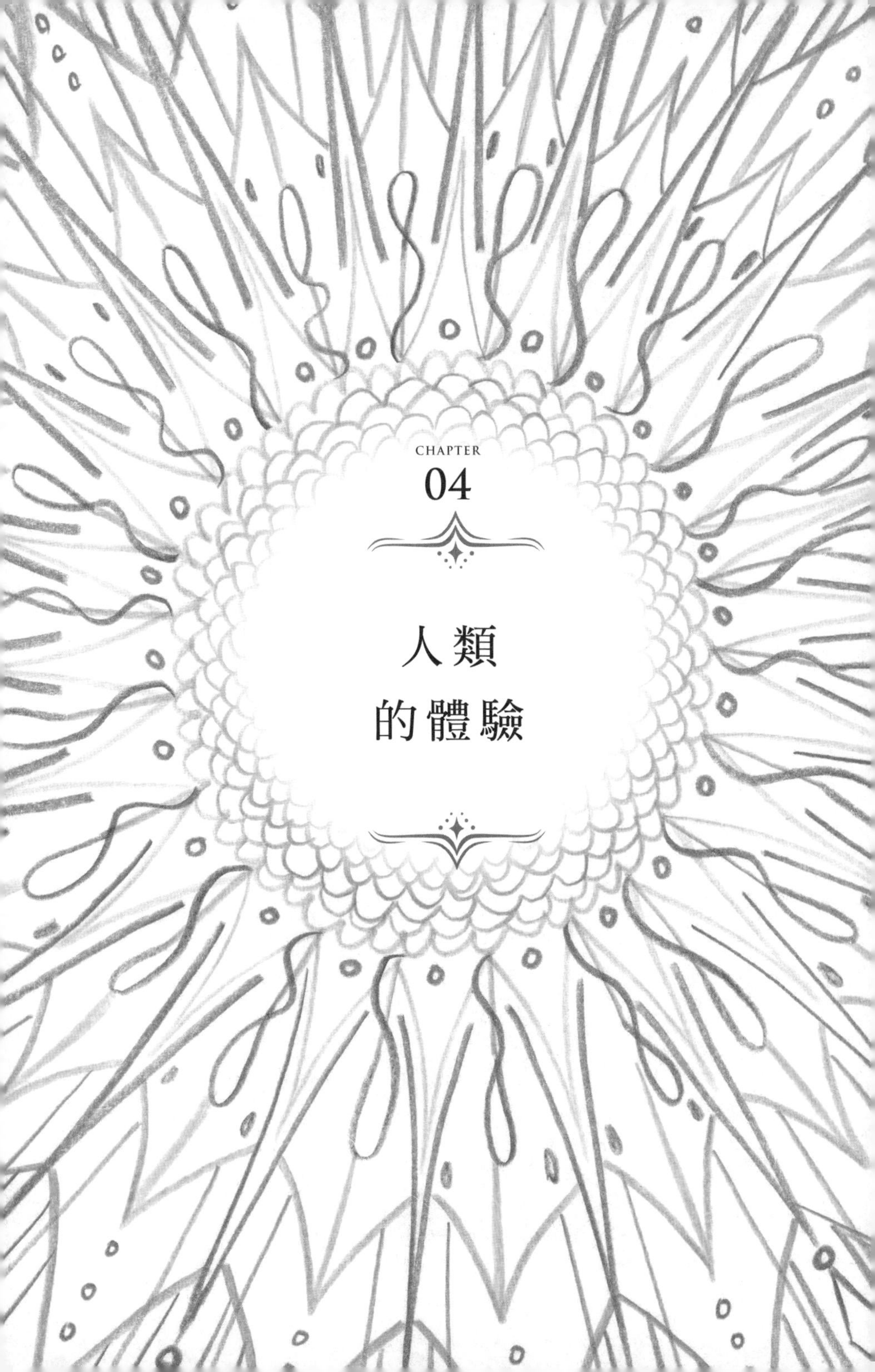

CHAPTER

04

人類的體驗

（一）性別與責任

人在成長過程中面臨的煩惱與壓力，很大一部分與性別脫不了關係。性別與責任分配，又影響人們對彼此的觀點，產生愛恨情仇，最後所有感受和想法，都會成為集體潛意識的流動。

男性和女性可負荷和承載的業力也有顯著差異，這和性徵有相對關係。男性的性器官往外發展、能量擴散出去；女性的性器官往內收存，能量被容納與涵養。傳統的文化和社會風氣，鼓勵男性闖蕩、展現自己，要獨立、充滿力量，勇敢向前衝；要求女性貼心、忍耐，照顧他人的情緒。隨著時代變遷，有些家庭改變封建思維，鼓勵女孩「多出門看看世界」，再提醒「你要保護自己，注意安全」，但社會很少提醒男性出門要保護自身安危。女性既要保護自己還要關懷他人，該如何拿捏貼心禮貌和自保身心的矛盾，實在是很大的功課。

從男性和女性的人生難度、複雜度來看，女性相對不容易。當靈魂決定成為女性，考慮到的首要條件是：「女性的身體比起男性，更能吸收業力的濃度。若想要加倍替世界代謝壓力，女性的載體比男性更為適合。」

若靈魂期許自己能在情感上帶來豐富的愛，支持和照顧更多的人，就有極大的可能性安排自己成為一名女性——既要凝聚家庭的秩序，維護家務整潔，有餘力的話最好還要能負擔家計、照顧長輩、撫育幼兒，還得兼顧所有成員的身心舒適。能具備以上條件的女性終究是少數，被社會賦予萬能期待的女性幾乎喘不過氣，蠟燭兩頭燒，或者得寄望伴侶和原生家庭提供更多的金錢和人力支持，才有餘力考量自己的身心健全狀態。若沒有其他支援，更怕伴侶和家人成為豬隊友，也只能靠意志力硬撐。

也只有靈魂在靈界先做好了功課，把所有生活周遭人事物的命運排開來，像是不要全部的小孩一起生病，也不要家人輪流生病出意外，而經濟壓力和嚴重負債最好發生在婚前而非婚後，女性才有足夠的精神和體力照顧親屬與上班賺錢，家庭和事業才能兼顧。以及最重要的，身體基礎要強壯健康，還要有養生的觀念，才有持久力承擔更多責任，人生的安排才會相對順遂。

相對於男性，女性更容易進入集體潛意識的框架，複製家族習性的模式。畢竟習慣承受和吸收壓力的載體特質，在無形的勞累中已經沒有餘力深思自我，容易把集體傳統視為自己的一部分。

男性生命議題的難度比起女性相對輕微。身為男性對靈魂來說有著相當大的彈性，靈魂設定為男性，會分兩種模式：符合家庭期待，或者走出自己的路。比起女性，男性往往會成為家族中最被看好的性別，獲得最多家族的資源和重視，「容易被看到、被認同」，養成較高的自信和行動力。此時，「母親」也容易在潛移默化中，成為男性另一股壓力。若母親對自己的性別有強烈的無價值感，因為生了兒子連帶提拔母親的地位，母親也會特別期待兒子、依賴兒子，甚至威脅兒子：「你要成長為我要的樣子，我為你全然犧牲奉獻，你只能唯命是從。」這導致男性成長過程中遭遇到的矛盾是另一種模式：「我想要成為自己，但是我不能拋棄母親」或者「母親是控制我這一生最大的陰影」。親情之間的寄託有時候也顯得窒息。母親有多脆弱，便要求兒子多堅強，以至於男性不知道，或者不敢表現出脆弱受傷的一面，必須假裝更堅強，絕不能示弱。

男性和男性的相處之間，若是過分強調男性陽剛的特質，那麼氣質較為陰柔、內斂的男性，也就容易成為男性群體中的受害者。這亦是集體潛意識的影響：合理化社會男性特徵的框架，忽視個體的多元性。本應是保護弱者的陽剛特質，卻成了傷人的暴戾。

若家族寄予男性強大的期待，那麼靈魂一旦選擇成為男性，也會被家族觀念限制：「倘若我真的走自己的路，就像拋棄了家族和長輩對我的期待。我想勇敢成為自己，可是我也想愛家人，我究竟該如何是好？」心理矛盾地內外拉扯。於是男性比起女性更容易言不由衷，得維護人們期待的高標準，卻無法忍受自己的脆弱和缺點，加上載體本身的能量外發，一不注意就表現衝動、具有外顯的語言和行為暴力。女性當然也會衝動與暴力，只是女性的衝動和暴力，經常是長期忍耐之後的反彈。

若靈魂在設定成為男性時，選擇情緒較為穩定的母親，或者父親能夠提供母親感情方面的支持和平衡，那麼母親會依賴丈夫而非兒子，能讓兒子長出自由的空間，才能讓靈魂盡情地表現自我。

相對的，若靈魂設定為女性，選擇情緒較為穩定的母親和父親，也就不會吸收過多父母親的負面壓力。這裡還有一個重點是，如果女性在情感層面是穩定的，身為女性的承受與內斂特質，擁有往內聚合的能量，其實比起男性更能獨處，也能夠充分發揮專注力，加強和靈魂的同步整合，將靈魂的特質發揮到最大。

女性內在承受的壓力和張力是具有爆發力的，靈魂若有經驗地引導女性的情緒管理，甚至能將過去壓力轉換為推力，使其表現得比男性更突出。總而言之，男性和女性若能練就調適情緒的能力，都能將載體的自由度、爆發力，發揮到最大值。

現代正在模糊男性與女性的社會框架，男性能夠成為照顧者，女性也能夠外出闖蕩。成為男男女女的靈魂們，試圖消弭性別歧異，帶來多樣化關係的平衡，無論是社會責任、感情面向、家庭分工，靈魂們期許帶來自由與多元的社會結構。

當越來越多人突破傳統集體潛意識的潮流，也會使守舊的一方、被業力影響較深的人們，更頑固地抗拒改變，甚至試圖把社會風氣導回舊有的模式，並以業力的模式（暴力與鬥爭）發動攻擊。業力也都和歧視、階級化有關。

新舊雙方的衝突在所難免，時代演變總是會經過天秤的來回擺盪，時而激烈、時而平緩，影響人們看待自己的方式。無論怎麼做，都會被不滿意的人指點，在這樣的狀態下又該如何找到內在的平靜，活出自己想要的人生？

在何處成長、與誰相處等背景都會形塑一個人對自我、對他人的評價和看法。即便在後天領養的家庭內成長，也會吸收到後天家庭的價值觀，分擔後天家庭的壓力。靈魂若對自己的性格不甚了解，以及沒有細查合作的靈魂夥伴個性，很大機率就會進入不適合自己的環境成長，以至於日積月累地承擔他人的不穩定情緒，變得過度反彈或過度隱忍，導致人類成年後形塑出來的人格，與靈魂原本期許的人生藍圖產生極大落差。

光是能夠與自己的性別和平相處，認識性別帶來的社會框架，以及該如何調適個人和他人之間的情緒界線，就是一輩子的功課了。

靈魂伴侶、雙生火焰

首先需要釐清這兩個詞彙的意義。普遍的概念是指人們之間有深刻的能量連結，有著天注定的緣分，必定要陰陽調和。有非常多年輕男女渴望進入愛情，但期待的是「請保護我、愛我、支持我、照顧我」的對象，就像是找另一個爸爸媽媽。如果你期待中的「靈魂伴侶」出現了，當他表示「請保護我、愛我，支持我、照顧我」，你能夠為對方做到這些事情嗎？還是會感到憤怒：「應該是你給我這些條件，而不是我要付出這些！」

感情並非一面倒，期待對方扛下自己生命的重量。所以進入關係以前，需要意識到你在尋找的是單純的依賴，自己彷彿幼兒需要對方百般照顧；還是你已經準備好和另一個人進入新的關係？你很清楚他是獨立個體，他的價值觀不等於你，你的價值觀也不等於他的。

我們需要理解人們的「想像」和「實際」有所落差。人類伴侶，並不等於靈魂層次的親密度。在地球上，戀情——尤其是婚姻的能量連結，僅次於有血緣的原生家庭親子關係。地球上的感情都是靈魂設定來的，「設定」相互支持，或者互給生命議題。

傳統時代為了保持社會結構的穩定，在宗教層面指定一男一女的結合，認為婚姻可以減少性慾帶來的社會混亂現象。為了強調婚姻跟一男一女的合理性，也會加重「靈魂伴侶」、「雙生火焰」的觀念，延伸出守貞、禁慾等相關的社會規範和限制。事實上，非常多的性犯罪者其實並不甘於單一的婚姻關係，即使有了婚姻，也無法保證絕對不會外遇，畢竟每個人需要的情感親密度和性的需求多寡都不同。

性和愛，可以說是考驗人與人之間、靈魂和靈魂之間對親密度的認知，是否有足夠的默契？重點不是追求「絕對適合我的對象」，而是「我真的認識自己的需求嗎」。越是親密的關係之中，越講求默契。能夠互助，一起合作和分攤壓力，了解自己的同時也願意了解對方，才不會變成互相索討、消耗跟折磨。如果懷抱著追求一個完美的感情對象，就像是在跟自己的幻想談戀愛，看不到真實的人性面向。當夢想撞上現實，受到的挫折會更大。換句話說，只有當人無法接受自己的不完美，才想追求另一個完美的存在來滿足自己內心的缺乏。

如今有許多打著「靈魂伴侶、雙生火焰」的話術，進行靈性ＰＵＡ的行為，例如：「我還記得我們靈魂之間的約定，你我有著前世密不可分的緣分，如今我會帶領你，找尋你的天命。」聽起來很美對吧？但如果你不喜歡他呢？

「你為什麼要違背你的天命？我知曉你要走的路，為何不臣服宇宙的安排？你遇到我就是命中注定的安排。」對方將自己視為宇宙一樣的上位者。有不少網友來詢問我：「請問我真的跟某某有緣分嗎？我怎麼覺得不是這樣，但是他非常堅定，這讓我很猶豫。」

先把「宇宙」跟「天命」和「臣服」等身心靈文字拿掉，回到你真實的感受。你的感覺不對，這就是答案！對方只是拿一系列身心靈用語吊你的胃口，縱使他有一廂情願的說法，也別忘了你有自由意志！不得不承認，以上類似的話術還真的很容易抓住渴望「靈魂伴侶」的男男女女，讓雙方不只成為男女朋友，甚至發生性關係，還同住在一起。然而時間會帶給我們答案，使我們知道彼此是否真的合適。

沒自信的人，特別會崇拜舌燦蓮花的對象。就算旁觀的人感覺到荒謬、可笑或難以置信，然而這類型的人往往高度膨脹自我，就算說的內容毫無道理，然而他的絕對自信就成為一種真理，讓沒有自信的人盲目而嚮往他的風采。

自己的感覺很重要，尤其感情絕非靠單方面主導。隨著時間拉長，謊言和包裝都會漸漸褪去，使你自問：「我究竟想要什麼樣的關係？」在地球上，靈魂們都會考量到在地球的生活，既然目標是幫助地球，那麼在感情和婚姻層面，靈魂也會有理想化的安排。

感情正緣

靈魂設定的緣分，俗稱「正緣」，你一定能夠遇到對方，不用擔心錯失良機。既然靈魂會安排雙方相遇，一定會有各種方式將你們撮合在一起。

靈魂之間的約定，有很多的可能性。舉例來說，A靈魂太懶散了，什麼事情都做不好，靠自己很難改變，總是心累，於是希望積極的B靈魂帶給自己富足的生活和改變的動力。理想中的正緣規劃是：B人的力量、勇敢果決，感動了懶惰的A人，讓A人學習到了積極的好處，還有改變的動力。B靈魂的主導性，連帶讓A靈魂跟著改變。

只是靈魂成為人類之後，要如何把個性天差地遠別的A和B湊在一起？靈魂為了讓彼此看對眼、能在一起緊密相處，會讓荷爾蒙開始作用，爆發強烈的情慾能量，讓身體層面對於性和感情的慾望衝昏頭，感覺到對方非常重要，難以割捨，體內荷爾蒙爆發到足以使人喪失理智。就像是一見鍾情，對方強烈的感性使你無法自拔，非他不可。然而越快速沉溺的情感，也就有越多理想化的投射和強大的心理需求，摩擦也多。

B靈魂的目的是要幫助A靈魂，如果B人的使命感、密切的督促提醒變成了日夜不停的嘮叨，懶散的A人不一定會領情，甚至產生怨恨，覺得「B都在逼我」，認定是B毀掉這段關係。激烈爭執之後，雙方也就不歡而散。

還有一種狀況是，前世你所怨恨、牽掛的人程度越深，你就有越多的靈魂碎片沾附在他的身上。如果他對你也是同樣的心態，那麼這段感情的激情程度也會反應前世的愛恨有多深。有些愛得撕心裂肺的伴侶關係，分分合合、哭哭啼啼地痛苦得不得了，往往雙方是前世鬧僵的親子關係。過去沒平衡的愛恨情仇，於是這輩子再相遇一次。靈魂們再次嘗試能否更有智慧地解開雙方的糾葛。如果心灰意冷，也是放下執著不再牽掛，就不需要下輩子再一次遇見得轟轟烈烈。

靈魂對人生有太多層面的期待，像是分擔原生家庭的業力，傳承原生家庭的價值觀。兩個來自不同家庭的人，想法自然有差距，如果沒有溝通的平台，各說各話，已經失去交流的可能性，正緣也會走向形同陌路。浪費且輕率的態度，終究會把深愛的感覺耗磨掉。正緣不代表你絕對只有這段情誼，也不代表大家的關係一定友善，正緣只是代表著，靈魂期待著和另外一個靈魂相見，雙方已經排好行程要相處一段時間，期待創造一段美好的關係和結局。人的一生中可能有許多正緣、零星一兩個，也可能完全沒有，有的靈魂太怕相愛之後有牽掛，就又有下輩子了。也有的靈魂覺得在地球生活太不容易，希望透過良好的感情和婚姻，使人生獲得安穩的支持。

性方面的吸引力往往和業力有關，性促使雙方更緊密地相處，如果靈魂能駕馭好業力，也可以讓性慾成為雙方滿意的關係。在情感上，漸進式的結合能使關係更加緊密，在靈魂層面幾乎都是早就認識的好朋友，或者是一起來地球的靈魂故鄉家人。只是當人類的過程中，人類的性格可能會被大環境影響，靈魂才會小心地試探，確保彼此的性情還在意料之內。即使人類層面不記得靈魂的記憶，然而透過耐心的觀察、理解對方的特質，也能帶來實質的心安。像這樣的良緣，無論結果是分是合，雙方的情感波動都還在能夠控制的幅度，也就不會有因愛生恨的強烈激情和報復心。能夠長相廝守的正緣夫妻，都在前世打下良好的基礎，甚至是一起來地球的外星人夥伴，在人生前半場先去忙碌各自的人生使命，可能是照顧原生家庭，或者是衝刺職場成就感。雙方說好了，在人生後半場相見，轟轟烈烈的時段已經過去，接下來就是細水長流，相互扶持到終老。

無論是哪一種感情關係都要保持交流，讓愛保持流動，關係才能長長久久。所以也是有發生過，不是正緣的兩人因為能夠互相珍惜，即便人生安排的道路完全不一樣，可能不得不遠距戀愛，後來感情結束了，對方都在自己生命中成為非常重要的人。這種意外發生的默契如此美好，最終卻不得不分離，也實在太遺憾，於是靈魂安排下輩子再度相見，可能成為家族成員、職場貴人或者戀人，延續過去的好緣分。

也因為靈魂都希望幫助這個世界，有的靈魂抱持強烈的「拯救世人」的想法。如果靈魂和人類都有「我不值得被愛」的議題，或者是「別人都比我更重要」的觀念，進入人類感情就會很辛苦。因為靈魂層面想要解救的，一定是「很有問題」的人，甚至是大家眼中非常爛的對象，才有犧牲自我、拯救對方的必要性。如果靈魂好幾輩子都跟性情乖戾的對象長期相處，甚至遭受虐待，最怕的就是對方不知改進，領悟的時候未到，靈魂還想繼續保持生生世世的緣分，不願放棄對方，最後就累積出靈魂創傷。

感情中的單戀也是難免的，有些狀況是對方和你有前世緣分，然而上輩子關係已經平衡了，這輩子就當普通朋友吧，不需要進入更深的關係。單戀也有極端面向，拿C靈魂做比喻，祂非常迷戀E靈魂，原因和靈魂創傷有關。E靈魂的特質非常像C的靈魂家族，帶給C回到家園的溫暖感覺。C靈魂好幾輩子都在追逐E靈魂，但是E靈魂根本不想跟祂合作。E有祂在地球上的規劃跟行程，也在靈界全面封鎖C。

C靈魂（包含祂的人類），希望自己的苦苦追求可以打動E，於是C靈魂向E

靈魂的朋友持續套話，刻意打聽E要在哪個地區、什麼時代當人類，自己也跟著來當人類，想盡辦法要追上對方。E靈魂厭煩得要死、拚命閃躲，導致E人一看到C人就討厭，然而C靈魂的死纏爛打，四處打探消息，又會讓C人總是「不小心看到E人的蹤跡」而誤以為這是天注定的感情，更不想放過E人。

這種有如跟蹤狂，一生都執著於另外一個人，不打算放棄的靈魂也是有的。畢竟有多少靈魂，就會有多少種價值觀跟考量。所以輪迴規劃區才需要保障靈魂們的身家資訊，就是要避免某些靈魂的嚮往與愛慕干擾其他靈魂在地球上的體驗。另外，大家可以注意自己看影視作品時，喜歡哪一種劇中的角色跟關係。有人喜歡虐戀，有人喜歡轟轟烈烈的愛，有人喜歡淡淡淺淺的默契，有的人可能想要嘗試更稀奇特殊的發展，或者多重關係等等的口味。我們可以透過旁觀的角度，以及喜愛的感情角度，大概知道自己的靈魂會想要嘗試的感情路線，以及了解到靈魂創傷。甚至你的感情課題，就藏在這些細節裡面。

你想要的關係是什麼樣子？你能夠接受的範圍在哪裡？有些人的感情是想要家族一起參與，有些人的感情是只想要一對一。你對自己的了解越深，那麼在關係裡面，就越清楚自己的需求是什麼，而且能夠跟對方溝通。如果對方願意溝通，也願意表達他的需求，你們都願意調整自己的狀態，那就是關係持續下去的重要動力，感情需要攜手才能前進。

性與業力

生存壓力影響各個層面，性不僅和慾望、業力相關，亦是短期內，靈魂能最快交換大量人生資源的平台。越想幫助世界的靈魂，越會慎重考慮透過人類性關係的連結，承擔世界與眾人的壓力，像是讓自己充滿爛桃花，總是遇人不淑。

若其中一方因控制慾、愛和慾望不願放手，成為恐怖情人，這樣的伴侶不一定是業力沉重，更像是內心的不安全感激盪出強烈的控制慾，這份控制慾還未轉化成業力，需要小心處理。這部分就要回到人類層面，尋求幫助和資源上的保護。

從事性產業的人士，無論是自願或者非自願，進入這個產業往往都和靈魂的安排有關。也因為密集地與人交流身體的能量，幾乎都承受相當大量的業力，或者是前世和太多人有深切的緣分，而得靠性行為平衡前世的能量關係。然而從事性產業，不一定是「承受、償還」業力的被動模式。我曾經見過一名大老闆，他非常得客戶愛戴，格外有個人魅力。他在電視上接受訪問時，我看見他的前世是一名紅牌的青樓女子，他的靈魂讓前世的大量性行為，成為與達官貴人的能量臍帶。重點是，前世的他也在如此複雜的聲色場合摸透人性的貪婪和慾望，知道該如何說話行銷，也知道如何安撫。今生的他仍保有這份天賦，前世愛慕他的客戶，亦成了今生支持他的客戶，前世累積的業力成為今生的貴人運。

即使身分和性別轉換，古代換為現代，周旋在人際關係中的技術能夠把人推向康莊大道。在靈界層次，這個靈魂已經拿捏了將業力成為推力的技術——就像石油可以汙染環境，也能成為火箭燃料，讓自己一飛沖天。像這種能夠控制性慾和業力的靈魂和人類，往往有個明顯的特色：「從一開始就清楚知道自己的目標，並且堅持到最後。」能夠享受名聲和慾望帶來的好處卻不沉淪，甚至能在大量性關係中，教導其他靈魂控制對性慾和業力的技術，也就是擁有相當的意志力。

然而多數的靈魂和人，意志力相對有限，更容易被慾望驅使，無法克制衝動的狀態下，也就容易累積業力。如果發現自己的意志力不堅，那麼至少有意識地提醒自己，關於錢財和性慾這方面的選擇要比其他人更加謹慎。否則容易囤積大量業力，當業力累積到一定濃度，就會成為霉運和病痛，不得不慎。理解自己的個性趨向，自然能趨吉避凶。

性行為與性上癮

剛來到地球的新靈魂，還很習慣星際中靈魂之間緊密的連結能量，祂們樂於享受愛的連結，於是設定強烈的性慾——像是尋找性慾強烈的家族投生，或者人類層次很早就接觸到性的資訊，身體還未發育完成以前，就想嘗試性關係。

性慾基因強烈的家族，可能有附加的問題。像是祖先管不住性衝動，強暴無辜者，受害者的恨意、怨念和詛咒影響到家族能量場，導致後代子孫雖然能享受性行為，卻在感情和婚姻中一再被背叛，彷彿永遠無法得到愛。

有的靈魂則會讓自己進入壓力較多的後天環境（例如職場），壓力一旦滿出來人就會找目標發洩，有些人是對自己發洩、強烈的自責和自我攻擊。有些人是往外，像是在網路上、生活上到處發動挑釁，而性行為也是其中的方式之一。

我們的身體是地球的一部分，理所當然有生物性的現象。對生命而言，最重要的事情就是繁衍後代，留下基因。越是感覺到不安全，充滿威脅，身體累積的壓力會使全身的能量往性器官移動，要以繁衍後代優先，於是產生性慾。性行為非常消耗體力和精神，雖然性快感使人欲罷不能，然而過多且頻繁的性慾會影響日常生活的專注力，無論發生多少性關係、嘗試各種不同的性對象和性的玩法，都沒辦法滿足。當你發現自己性上癮，對性的興趣遠高於其他事物，建議你回頭思考目前自己的處境：你現在有感覺到生活上的壓力嗎？你的壓力來源在哪裡？你的身體其實非常恐懼，害怕到得啟動生物本能，以性和繁衍優先。

理想中的關係，生命是因為相愛，想要有更密切的共鳴與互動而發生性關係，藉此產生緊密的連結，感受彼此的需求；若有餘力，再一起撫養後代。如今的時代中，多數人的關係以性優先，愛其次。這樣的性行為結束之後，容易感到空虛和寂寞，這場性行為（或者是商業行為），終究出自於發洩壓力，沒有感情的連結。即使身體互相接觸，心靈也沒有共鳴。或許能因為身材、容貌和技術獲得稱讚，暫時滿足虛榮感和被需要的感覺，卻無法進入情感上愛的連結。

每個人都渴望被愛、被重視，能夠在連結中感覺到獨一無二。以愛為主導的性行為，在激烈而專注的過程中，彷彿整個世界只剩下彼此，像是把愛昇華到另一種層次。也有些狀況是，即使彼此相愛，其中一方卻不想產生性行為，使另外一方感到挫敗。這並不是誰的錯，而是性的能量同時也會誘發最深層的恐懼——倘若前世今生受過性羞辱的創傷，性行為就會讓人聯想起羞辱、侵害，甚至性的迫害。性行為也就勾動了內在的恐慌：「這是危險的事情，我最好不要去感受。」

靈魂會有自己的成長計畫表，若靈魂想要解決相關問題，就會安排面對創傷的過程。若人類的你想解決和性有關的問題，當然也能向相關專業人士求助，例如性治療師。有的前世創傷會導致性器官過度緊繃和恐懼，可以透過訓練和調適獲得抒解。

性慾和性傷害

性慾，經常在嚴厲的律法中被視為混亂的來源，亦成為人們相互指責和攻擊的詞彙，使人類為自己的性慾和性別感到羞愧。然而，無論男女都會經歷青春期，時間到了身體自然會發育，表現出性徵，進入載體成熟期。人會有性慾、有性關係其實是很正常的事，性是我們每個人生命中的一部分。

性關係在兩情相悅之下，往往是最大化的業力交流過程，雙方的能量包括靈魂資源，無論好壞都會快速交換，相互支持和分攤生活壓力。發生性行為之後，彼此的能量還是會糾纏持續一段時日。能量就像水從高處往低處流，業力滿的流往業力少的人身上，靈魂資源多的流往資源少的人身上。有的人可以把性和愛分開，但不是誰都能這麼辦到，我可以分享前世對性方面的探索和體驗。

我曾經當過性慾極強的男性騎兵，巡守邊疆的過程總是生死交關，因此離開崗哨時我經常邀約各方女性發生性關係，甚至一天兩三次還能神采奕奕。那輩子的我非常享受性愛的過程，說是種馬也當之無愧，我的私生子多到數不清。也幸好我當時職場表現亮眼，軍餉可觀，我會送房送錢給各個前女友和私生子，女性對我一致好評，我頗得人緣。壞處是，向我示愛的女性彼此競爭，相互仇恨，她們每一個都想要擁有我的愛。

我的靈魂本意是想要透過兩情相悅的性慾，讓雙方都在自願又愉快的狀態下，盡情大量地代謝業力。我雖然能把自己這邊的業力安頓好，但眾女子身上的業力、以及因為性和占有慾引發的情緒後浪，就已經不是我能夠控制的了。女子之間結下深重的殺業，我大可以不用管，然而我實在看不下去了，不得不協調多方關係，盡量化解恩怨，才結束一群人後續多達六輩子的大亂鬥。

在身歷其境之後，我的靈魂會在輪迴規劃區提供相關經驗，提醒靈魂們在安排萬人迷人生的同時，也要能夠分辨誰會吃醋嫉妒。這也是性價值觀的重點：知道哪些人適合當炮友，哪些類型會暈船到死追不放，無法單純享受性，連愛也要。可是當浪子的那一生，人類的我只想要性，喜歡周遊於女人之中享受自己的魅力，說起來其實更愛自己，並不想被誰獨占。這明顯是衝突的價值觀造成的殘局，才難以收拾。

還有另一個前世經驗可以分享：那一生的我被家人騙去當軍妓，以獲得微薄的收入補貼家用。然而軍人們上戰場，累積的壓力亟欲發洩，對待女性的過程非常暴力，導致軍妓的一生充滿痛苦和絕望，並且終生不孕。而這一生的規劃，是因為靈魂的上一輩子當過將軍，保護國家的過程中難免兩兵相爭，我的將軍前世對傷亡者感到愧疚，想用自己的身體承擔和化解時代業力。我的靈魂則是在這一世的規劃裡，希望透過性關係教導其他人類的靈魂如何排解業力。人與靈魂兩個不同層次的感受，也就影響到下一世的發展。

我的靈魂很願意站在第一陣線推動改革，阻擋紛亂。然而站在風口浪尖上，也容易被當作攻擊的目標，在政治鬥爭中累積業力。既然累積了業，我也敢償還，因此我的前世經歷過極端的社會高層和下層的體驗，也是為了快速代謝業力之後，又能到其他地區提供協助，輪流在不同的文化扮演不同的角色。

靈魂的考量，對人類層次來說不一定公平。被規劃的性行為，可以是享受或者是痛苦的。甚至，靈魂會刻意安排劇烈動盪的人生，包括性創傷的發生。我曾有一世被長輩強暴，性格大變，放棄女性的身分，後半輩子都以男性的姿態生活，甚至加入戰爭，抵抗外敵，保護故鄉成為英雄，走出全新的路。然而，那一世的我卻也因此無法認同自己真實的性別。

我也曾在兩河流域文明中，有過一段相互扶持的女女伴侶關係，我們是船伕，輪流撐篙載客往來河岸。我和伴侶從小一起長大，相互喜愛。伴侶想要有個孩子，和我討論之後，她到其他的村莊與男性接觸，後續懷孕、生子，我倆一起撫養孩子長大。在當時的年代，人們可以自由選擇伴侶和生活模式，並沒有既定的婚姻規則和生活規範，一群人安居樂業，喜歡誰就和誰在一起，尊重彼此的別離，並且支持單身需要照顧的村人，這是寧靜平凡、充滿愛的歲月。

我的靈魂Mulo嘗試各種男男女女的人生角色，透過這些人生，不同的性關係，性的連結，見到人性的陰暗與光明。由於業力會煽動人的情緒和壓力，因此不習慣地球能量的靈魂，往往不知道該如何控制自己人類層面的惡意與暴行。當靈魂規劃人生高估自己的控制能力，以為自己的人類能夠控制業力，但其實承擔的業力太多，反而被業力淹沒理智。大部分的靈魂怕痛，盡量避免與失控的人類和靈魂互動。而我的靈魂反倒憐憫對方負荷巨大的業力，還會刻意靠近，希望能分攤對方身上的業力。

我所見過最無私奉獻的靈魂，幾乎都會規劃自己的人身深入險境，接觸失控而暴力的人類。靈魂出自善意，認為自己的愛和存在可以感化對方，卻沒料到自己成為被性侵發洩壓力的對象，甚至在被侵害後遭到殺害。縱使靈魂的大愛，能夠原諒所有的傷害，溫柔地包容這一切發展，人類的我們卻很難認同慘劇的發生。

在人生的規劃和情感承受度之上，靈魂和人類是兩種截然不同的層面。受害者有不原諒的權利；靈魂會原諒別人，那是靈魂的事。如果身心遭到嚴重的傷害，一定要把靈魂和人類層面分開討論。無法控制性衝動的加害者，就交由法律審判，也是給加害者重新學習和檢討的機會，不須把他人的失控視為自己的問題。請記得地球是各自學習能量平衡的場地。把靈魂和人類層面分開，也是給人類的我們，學習原諒自己（為何會遭逢這種事）、療癒自己的機會。

雖然性關係會導致業力大量交流，但若是出自「非自願」發生的性關係，傳遞來的業力也能還回去。因此發生性侵的不幸事件，只要受害者有強烈的「我拒絕承擔你的一切業力」意念，可以在能量層面把對方的業力推回去，不限時效。就算靈魂想吸收代謝，人類的我們依然能夠拒絕業力的進入。

性、性別、你身上有的生理特徵，包括你的情緒反應，是人類這個載體先天具備的狀態。身為人類，你會有性需求、想要發生性關係，是很自然的現象。可以依照你的速度、你的想法，和你的性伴侶討論你想要的性的方式。即使你沒有對性的需求也無妨。你是你自己的模樣，不需要為你的存在感到羞恥，我們只是需要理解事情有多種面向，並且能與自己和平相處。

性，是人類的生存需求，也是表達愛的方式之一。你有拒絕性的權利，也請尊重別人的拒絕。每個人的性與愛，都值得被守護。

（二）母親懷孕與新生命的到來

當一位女性懷孕，能量場也會產生亮麗的變化。從外觀上，地球的能量會比宇宙的能量提早來到母親周遭，能量比平常人還厚實，有一層暖暖的地球純淨藍色氣脈呵護著母親，調整母親的頻率。確定會降生來到世界的小寶寶，在母親懷胎七個月後，宇宙金色的能量會越來越多，滿滿地進入母親的體內。不只如此，地球的生命力像是清澈的蘋果綠，也會從地底自母親的雙腳延伸上來，溫柔地托著子宮。

當母親滿懷喜悅地盼望孩子到來，母親的靈魂和孩子的靈魂也充滿期待，彼此的心輪會散發美麗的愛的光芒，宇宙的金

代理孕母和捐卵的雙親中，和孩子能量、情感連結最深的，依然是代理孕母。

覺知錨定胚胎的過程，母體每一天內分泌與情緒的變化，母體作息與居住土地氣脈的緣分，都與胚胎靈肉合一的進度有關。母體的感知連結嬰孩，構成家族能量場的連結。當代理孕母將孩子交託給捐卵者雙親，無形中會使孩子的能量場失去一份安全感。

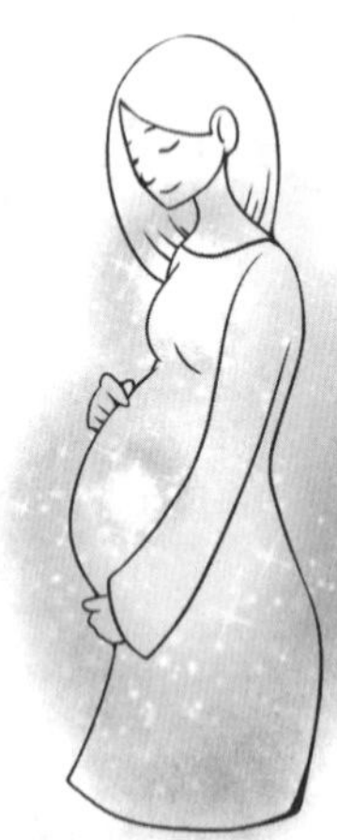

理想中的母子能量關係。

藍色的地球氣脈調整母親的能量，使母親的身體足以容納全新的靈魂。金色的能量是宇宙的祝福，每一個生命的降生，都充滿宇宙與地球的喜悅。

光和大地的生命力豐沛地交織著。此時此刻，覺知寶寶愉快地繞著媽媽前後左右上下飛，像是小飛俠一樣，偶爾飛速竄回子宮內，又竄出來，還沒出生就很好動。越靠近臨盆，覺知寶寶在媽媽身邊待的時間會更長，更熟悉物質界的身體。當金色小朋友和我對上眼，甚至會飛來我旁邊晃，想要跟我玩。如果小孩子太愛玩，孩子的守護靈就會把祂撈回去，像是收風箏線。我們的守護靈在我們還未出生的時候，就已經在工作了。

如果覺知寶寶的生命藍圖沒有預計待在地球上太久，可能出生前就成為死胎，或者出生不久即夭折的話，覺知寶寶能量會顯得虛弱，也沒有活力飛舞。子宮周圍氣脈的能量很不穩定，甚至是虛無的。

確定會誕生的孩子，
被世界深愛的母子。

孩子會先天繼承雙親血緣的業力，加上代理孕母的家族業力，若後天養育又是新的環境與照顧者，孩子亦會繼承後天家族的業力，總共三方環境／業力能量影響。

「歸屬感」究竟在何方？亦會成為代孕的孩子一生，相當大的課題。

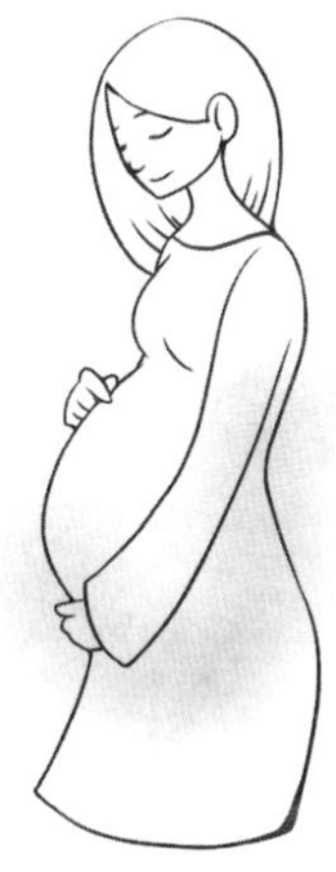

孩子的靈魂只想淺淺體驗，地球與宇宙的能量淺薄。祂們也尊重孩子的意願。
這不是母親能控制的，是孩子的決定。

有些靈魂，想要透過生死的交替帶走家族的業力。業力沉重的家族，的確容易導致不孕、死胎和流產，或者出生的孩子多病，都是孩子的靈魂自願犧牲，轉化家族沉重的壓力。

人工流產

也有的靈魂當人類以前，覺得孩子越多越好。愉悅地在輪迴規劃區和各方靈魂談好條件，同意生下很多孩子，甚至覺得生越多越好。等實際上當人類之後，才意識到經濟能力和生活品質的不穩定，根本無法撫養這麼多的孩子，因而採取避孕或流產。在人類的角度，或許覺得流產非常不人道，孩子很無辜很可憐。但是，母親的自主權呢？以及使女性受孕的男性在哪裡？男性應該提供保護和一起撫養母子的責任，這不是一位女性的問題。更遑論，有些女子是在非自願的處境下被強暴懷孕，懷孕牽涉到太多可能性，不是只有母親的責任。

孩子並非為了符合誰的價值觀才出生。若準備好迎接孩子到來，我們需要考量孩子未來的身心健全，塑造穩定的人格，替孩子準備好安穩無虞的生活。

親子之間，應該有一群人，而非一個人。一群人準備好成為照顧者，平等地分工合作，輪流將時間與精力專注於孩子的身上。理想的家庭環境中，至少要有三到五位以上的成人輪流照顧一位孩子，時時刻刻注意孩子的心理跟身體發展，耐心陪孩子發展觀察力與專注力，並能夠陪孩子發洩精力。同時，也要有兩位以上的成人保有穩定的經濟基礎和收入，確保團體衣食無缺。最好每一位成人都有其他工作建立自信，也能夠獲得充分的休息，保有獨自的人際朋友圈，擁有個人、育兒、工作和人際團體的界線，保有自我身心健全的空間，才能避免成人將失控的情緒發洩在無辜的孩子身上，造成孩子童年身心創傷。大人穩定孩子才能穩定，而教學環境是另外一件事。

學校會有老師和同學的替換，以及升級、換班的制度。人際經常變動的環境，無法讓孩子建立安全感。老師的工作是教育而非育兒，兩件事情要清楚分開，才能使老師專心專業地傳遞知識，協助孩子理解社會化的規則，讓孩子察覺，學校就是社會，社會不會替他包尿布和收拾殘局，社會有大小規則需要遵守和尊重，孩子得學會進入社會規則，在社會中與同儕平等合作，甚至他得練習照顧其他孩子，分擔責任。此時孩子在家庭中學習的支持能力，就能發揮應用在學校之中。

學校和家庭的感情親密度並不相同，孩子內心的安全感和脆弱層面的撫慰，是家庭成員之間的連結與照顧。孩子才會清楚知道，哪些事情要和誰討論，哪些狀況需要切換角度思考，建立清晰的判別能力，這是公私分明、理性和感性切換的思維基礎訓練。

當家庭裡面，有不只一位成人關愛孩子、深入孩子的世界，每一位成人都知道孩子的身心狀況，成人之間能夠互相討論育兒觀察，分攤憂慮，一起思考解決問題的辦法，這樣一來，孩子隨時都能夠找信賴的成年人討論對世界的想法，練習順暢的表達能力，滿足大腦的發展與心理上的情感需求。

孩子感覺到自己的情緒和表達能夠全方位地被接住，有助於孩子未來的人際發展，包括融入社會中的團體發展，使孩子看到社會的不公義願意挺身而出，勇敢發言，也在面對難關時，能夠冷靜思考如何解決問題。

人們相互支援，就沒有誰的犧牲奉獻和心力交瘁。在幸福的連結裡，不需要歌頌苦難和創造痛苦。唯有感受到成人之間彼此支持與相愛，孩子才能在友善平等的環境中體會愛的真諦，以及感到對世界、對未來的希望，成年人的心性穩定，即是對孩子最好的身教。

此時此刻，我們已經準備好迎接更多的孩子來到世界上，確保孩子們健康平安，能夠獲得足夠的成長資源，有豐沛的經濟支持和情感友善的對待，我們能保障每一位孩子的人生藍圖，使孩子成為他靈魂理想化的模樣，擴展對世界的幫助與影響力。

因此，回到當下的世界。成年人之間依然混亂、有歧見，只想把問題、怨氣和不滿歸因在某人身上，像是怪罪母親獨自一人無法承擔如此重責大任，大部分的人卻置身事外。

養育孩子絕對不是母親一人的責任，這是群眾與團體向心力不足的表現。母親也是一般人，會受傷會脆弱，不需要把母愛無限上綱，彷彿受孕當了母親就得變成神力女超人，卻沒有人問這位女性是否準備好成為一名母親。是誰讓她懷孕的？當時的情境是否安全或者被迫？她的身體適合懷孕嗎？孩子的基因是否正常？身體與精神層次都需要照顧到，有太多的疑慮需要探討與架設安全網，而非單一歸咎為「墮胎不好」的粗暴結論。墮胎的行為，僅是呈現這個世界還沒有足夠的愛，沒辦法支持母親，也無法支持孩子幸福平安的生存。

母親的情緒會傳染給孩子。如果母親精神與體力、經濟能力不足，她無力愛也無力撫養這孩子，孩子的精神與身體又會受到多長久的折磨？如果沒有人能保障、照顧到所有孩子未來的身心健全（也避免未來造成的自殘與犯罪），就不該指揮別人應該如何對待自己的身體所有權。事實上就是這位母親辦不到，沒有人來接住使她感到安全，強迫沒有能力的人去照顧更沒有能力的孩子，簡直是悲劇一場。女性是否決定墮胎，那是她對自己生命的負責，也是她與孩子之間的關係。

與其責怪女性為何受孕又不願生育，不如檢討自己，為什麼不能無條件地提供超過十二年以上的母子生活經濟和保母的費用，使女性能夠身心健康，安心專注地生養孩子。當一名女性認為她無力承擔另一個生命，身邊的人都該為之羞愧與遺憾。

嬰靈

人工流產的歷史相當悠久，也是極具爭議性的話題。各方宗教與團體認為孩子是個生命，保有意識，不該殺害無辜的孩子。然而未出生的孩子，在靈界又呈現什麼模樣？

我確實見過些許案例，但這些孩子擁有的情緒更多是茫然，類似於「不是說好我要來嗎？怎麼不讓我來？」這種搞不清楚狀況、驚訝和傷心，覺得自己莫名被拋棄了。

其實未出生的孩子，能量還在靈魂的校對中來回調整，神經系統和靈魂沒有完全整合。當孩子的靈魂從母親靈魂得知要取消出生計畫，靈魂可以減少靈肉之間的連結，減少痛楚與傷害。畢竟結束這短短的一生，靈魂也要把覺知寶寶放回自己身上結合，完全吸收和承擔覺知的情感和不適，靈魂可不想增加無謂的創傷，祂們也會採取保護自己的措施。

關於嬰靈為何都跟著母親，因為是從子宮流掉的，不是從爸爸的攝護腺內流掉。假設媽媽拿掉小孩，覺得這個責任應該是父親的，如果跟小朋友說「你去找爸爸○○」，祂們就真的會過去了，男性還是會因為這樣的關係而被嬰靈跟上，我就曾見到一位花心男身上趴著六隻黑色的嬰靈。

我還看過另一種很少數的狀況，小孩同時恨著所有害祂不能誕生的人，所以會分靈到全家上下，每個都記恨著。這發生在雙方家長都不認同嬰孩的誕生的情況，小孩就會全家都黏上去。墮胎／流產的嬰靈會離開或留下，端看孩子自身的個性決定，另一方面母親懷孕的心情也會有很大的關係。雖然很不忍苛責，但是如果被強暴受孕的母親（以及其他不願意接納孩子的心態），充滿對孩子的恨意與攻擊性，孕期中的孩子也會感受到，從醞釀生命的初期就感覺到自己不該存在，這是相當深的創傷與無力感，甚至會延續成為將來一輩子的生命議題。

整體而言，嬰靈還是可以溝通的，只是需要和祂們解釋，為什麼要做出這個選擇以及自己的為難之處，把前因後果講清楚，在墮胎前後都可以想著小朋友說，或者對著肚子講。覺知寶寶和靈魂都能理解，畢竟祂們是出自於愛，才想要成為家裡的孩子。所以發自真心地道歉，祂們也有很大的愛，能夠理解大人的為難，願意回到光中休息。

另外要提醒，畢竟是小寶寶，祂們理解能力有限，所以講解太複雜的愛恨情仇內容祂們會聽不懂。我外宿遇到附近的嬰靈，都是這麼安慰祂們：「如果你們很想找媽媽，想找溫暖的力量，請看天上有很大很大的溫暖力量，那邊的大家會好好疼愛你，媽媽的靈魂也會跟你解釋很多事情，請到天上休息吧。」你要先想著大太陽的感覺，自己能感覺到溫暖與明亮，小朋友才會分享到你的感官，知道要往上飛。

確實孩子很無辜，我們能做的，就是為將來的孩子們，營造更適合他們的友善生活環境。

（三）生命的結束

當靈魂規劃人類出生，也會考量生命如何結束。然而生命結束的過程不一定是安詳，甚至是突如其來，或者漫長而痛苦的。面對生命末期，人類只想平靜結束，靈魂的考量卻橫跨更大的面向，甚至會採取壯烈犧牲的苦難模式。往往讓人難以理解靈魂到底在想什麼？

假設人能活到七十五歲，這一生中，約有十五到三十次以上的登出機會，就像遊戲的存檔定點，也就是業力較多的運勢低潮期。考慮到靈魂的理想和現實層面經常有落差，如果人生真的設定得太難，靈魂非常後悔當初的決定，已經沒有心情繼續體驗。又或者覺得人生目的提前達成，沒有再待下去的理由，靈魂就可以選擇最接近的存檔點，也就是運勢較低的狀態下，在人為或意外事故之下過世。

靈魂會在生命登出前三個月到六個月前決定結束的方式，將決定提交給輪迴規劃區。輪迴規劃區則會發函給所有與此人相關的人類靈魂，方便其他的靈魂做能量的交接，例如同家族中，擁有相同血緣的親屬會互相分擔家業。如果有誰決定登出，但他或許有還未消化掉的家業，靈魂們就要開會討論多出來的部分誰要分擔？該如何化解掉？或者該繼續留存在家族內，成為下一代待化解的議題？

除了家業的分攤，還有職場人際的關係。靈魂們會和經常相處、友好的靈魂保持能量網絡的連結，像是提供部分地球代幣，支持對方的事業提高名望，當然也會一起分擔職場和土地的業力。在靈魂層面，誰若要離開人生，大家都得趕快算帳，搞清楚彼此往來的明細是否有餘額和欠款，因為這些都會牽扯到下輩子可能的緣分。如果人生贊助者退出，其他靈魂得找新的股東與事件安頓，以免破壞原來人生事業穩定的計畫。也正是因為人生牽扯到太多有形無形層面的連接網絡，靈魂們都會再三考量，確定不會造成誰的麻煩，才決定登出。

不過也有的狀況是，靈魂想登出，但是人生規劃的合約和家族太過緊密，家族成員持續把運勢和資源傳輸過來，變成想死還死不了，福報一直拯救自己。通常過了低潮期，或者聽進了親友靈魂的勸退，靈魂也就算了。倘若生活還是太難熬，靈魂可以再找靈魂長老商討和家族的緣分與關係，先把合約取消，這樣才能順利登出。不過半途毀約，沒完成的能量網絡也有可能牽涉下輩子又要再見面，靈魂們得重複今生未完成的能量平衡，因此還是得慎重考慮到收拾善後的問題。

意外亡故

比方說突然飛來橫禍，一輛車子衝來，在無冤無仇的狀態下斷送性命，這種瞬間發生、難以補救的死亡，對靈魂而言是相對不痛苦的結束方式。

意外事故，往往和代謝家族業力、土地業力有關——透過自己生命的結束，化解家族和土地中的業力。因為死亡會開啟兩個世界的能量交流，當靈魂離開失去機能的肉體，前往輪迴規劃區休息，也將身邊發生意外的晦氣和業力，一併捲入靈界，達成新的因果平衡。

造成意外的肇事者，本身都有粗心大意的特質，以及正好處在命運的低點，才遇上同樣在命運低點的往生者。事實上，肇事者與意外亡故的當事者幾乎沒有前世緣分，反而緣分更深的是肇事者和往生者的家屬們。可以這麼說：「越深刻的前世恩怨情仇，越需要在活著的時候面對。」透過衝擊性的傷亡事件，除了代謝業力，亦是要讓肇事者和往生者家屬們牽上線，再次平衡前世恩怨。

若是肇事逃逸，事故抓不到凶手，心虛的肇事者和無力無奈的家屬們，也會背負一生的內疚和遺憾。然而這筆帳只是延後，待往日以及下輩子，再次面對。

意外凶殺

若為凶殺案，被隨機當作目標而喪命，由於牽涉到的是「人為刻意」，這又是另一個層面的靈魂約定。

我們所稱的凶手，這些人類在生活中受到挫折和打擊，超過當時靈魂所預料。靈魂做人生規劃時，高估自己人類的承受度，使得人類層次難以釋懷，試圖報復社會與大眾，產生殃及無辜的念頭。當人類萌生攻擊性，但還未有所作為時，其指導靈、守護靈都會立刻通報輪迴規劃區，讓靈魂議會長老和所有生活在當事者周遭的人類靈魂們，以及當事者靈魂本身，一起開會討論要如何面對接下來的重大事件？

人類在情緒激動下，能量場會過度緊繃，更難被靈魂控管，往往當事者靈魂再怎麼著急，也制止不了謀殺的意圖。此時就要看其他人類的靈魂們討論，該如何防禦和防範事故的發生。可惜的是，多數人類的靈魂們都自顧不暇，或者膽小怕事，不敢主動制止，怕殃及自己人類的性命。膽大的靈魂們，則會想辦法安排機緣，像是出現在事故現場，投入地球代幣增加更多「幸運」，例如剛好低頭閃避子彈、第一時間阻止凶手，或者能緊急救援受害者。

成為受害者的人類，一樣處於運勢較弱的時刻，正在靈魂所安排的存檔點，靈魂正在考慮是要回到靈界還是繼續面對人生。既然凶手會用殘忍的方式傷害群眾，不如透過結束自己人生的方式，帶走凶手和事件的部分業力。這也是靈魂的一份愛和自我犧牲。雖然這部分很難令人置信，但確實，成為受害者的人類的靈魂，會允許自己成為吸引犯人的目標，直接承受對方的暴力攻擊，並且透過死亡帶走對方身上的業力與怨恨，也讓這份意外死亡成為群眾們重新檢討社會安全的生命議題。

也有的靈魂，理解地球社會充滿憤世嫉俗的潛在危險人類，祂們本來就不打算久留人世，早在出生前計畫好生命的最末要成為「肉盾」，安排機緣，帶給親友強大的震撼，使親友在哀慟中產生堅決改革的意志力，轉化死亡帶來的傷痛，重視人道救援、投入社會運動，成為更多生命的保護者，促使人類社會的進步。

不得不承認，人類總是需要再三重複的意外教訓，才能制定保護群眾的法案。

熟識之人的凶殺

靈魂不會規劃為了殺戮而殺人的人生。換言之，在每一段人們相識的因緣中，靈魂都期待彼此能互相理解，化解衝突。若有強烈的憎恨與不滿，這份情緒甚至與前世緣分相關，像是誰背棄了誰，因此產生強烈的情緒，雙方都期待今生可以和解。

還有另一種狀況是，與前世恩怨糾纏的對象今生並沒有緣分，然而今生認識的某人氣質，太像前世的他。此人追逐心中的幻影，以非常高的標準，執著地希望頂替者用自己想要的方式回應自己。於是有些人，無法控制自己的悲傷和失落感，得不到就毀掉，像是發狂一樣的發動攻擊，這其實也是靈魂不知道該如何拿捏情緒的控管。

Mulo曾經在靈魂規劃處輔導許多殺人者的靈魂，Mulo向我解釋：「無論是發生在家庭中、感情關係、職場或者其他工作領域的殺人事件，包含暴力攻擊事件，加害者的靈魂都有幼兒化的一面。祂們不認為要替自己的情緒負責，反之，是『其他靈魂和人類不懂得體恤祂』，就像是個大寶寶，覺得自己痛下殺手是『被逼的』，是受害者『故意逼他來到情緒的臨界點』，堅持『自己才是受害者』。」

這讓我非常意外，Mulo惋惜地說：「靈魂們在沒有壓力的狀態下，都充滿善意和溫暖。人類也是，沒有壓力的狀態下，誰都是好人。然而地球的生活壓力一來，感到不被理解，無法獲得想要的支持，有大寶寶心態的靈魂與人類就會失控。」

「無法替自己的情緒負責任」的心態背後，又是另一個信念：「我無法相信我會犯錯。」有太多的靈魂抱著遠大的理想，期待來到地球大顯長才。若靈魂的主觀感受和控制慾成正比，缺乏傾聽、接受他人意見的能力，那麼膨脹的自信容易演變成：「我是對的，你要聽我的。」一旦別人不肯被控制，嘗試抵抗和逃脫，施暴者「無法接受別人對自己的異議，也無法接受被拒絕」的結果，就是加強控制，甚至懲罰對方的「不乖」、竭力掩飾自己「無法控制他人」的無力感，最後決定對方的生與死。

當死亡事件真的發生了，當事者的靈魂也會懊悔，很難承認自己的失控失誤，也許會在靈魂層次深深地道歉，向受害者表示下一輩子希望能夠挽回祂的信任，或者請對方給自己再一次機會，總是會有靈魂心軟地說：「那就下一次再見面吧。」不過也有靈魂會憂慮地說：「我擔心又被你殺了。」加害者靈魂之後的規劃可能就會調整為：祂設計自己先天殘缺，無法傷害任何人，今生的脾氣依然暴躁，但也期待透過和周邊其他人的相遇，重新練習情緒的控管，再次得到大家的支持。

病痛亡故

病痛的蔓延，一樣有靈魂「先天」決定好和「後天」忽視健康以及能量資源運用不足，無法及時求醫而導致的結果。病痛都和代謝業力有關。罕見疾病，都是靈魂前世經歷某些事件，因此感到愧疚和悔恨，於是安排與病症同在，希望改變某些僵化的心性。病友身邊的親友，也都有相關的前世緣分，說好要一起面對極具挑戰的生命議題，產生新的覺悟與韌性。

我希望在這邊建立一個概念是：「病痛不是誰降給誰的懲罰，病痛是靈魂期許將生命的不順遂昇華到更高的眼界，能夠原諒前世今生的自己做出的選擇。」靈魂進化的意志優先，其後才是化解業力因果。

有的疾病並非靈魂的前世導致，而是靈魂的大愛，願意承擔家族祖先在過去時代與他人恩怨導致的能量淤塞，而使自己先天體弱多病，持續地把靈魂資源分送給家族每一個人，很是犧牲奉獻。選擇這麼做的靈魂，也往往在人類生命結束之後，靈魂整合這一生累積的病痛，才會意識到這種痛苦實在難以承受。因此犧牲自己的健康幫助家族，都是第一次當人類的靈魂會嘗試的選項，因為在其他星球和境界並沒有疾病和疼痛的存在。對靈魂而言，病痛是新奇獨特的體驗。往好處想，被病痛限制的人生，也使人類無力造業，多數時間都在化解業力，因此生命結束後，靈魂可以隨時從地球畢業。

接著是後天導致的病痛。從小病成為大病，以及人們忽視身體的疲累與病徵，人的身體機能逐漸衰退，甚至產生一連串的併發症。這樣的人在早期身體還算健康時，也是有粗心大意，或者高估自己的承受能力，還有太過急躁和焦慮等等徵兆，沒有意識到健康的重要，導致身體耗損量高過於身體的修復力。身體漫長的病痛與衰退現象，像是自我折磨，可以抵銷前世今生與他人的恩怨。膽子大的靈魂，若希望今生造的業力別延後到來生，例如今生有參與戰爭，招致怨恨，今生晚年就會承受各種病痛，至少讓下輩子沒有其他負擔。

倒是膽小的靈魂，因為怕痛，擔心自己承受不了壓力，人生安排更加保守，像是病況一惡化，就能立刻獲得他人援助，將大量的地球代幣集中在「減少痛苦」。即使有病痛，也會選擇沒那麼痛的疾病，不至於太難受。

漫長的病痛其實有另一個好處是「減少執著」。有非常多人在生活上被恐懼所驅使，以至於害怕失去，產生強烈的占有慾、競爭性，頑固且不聽勸，尤其對金錢、財產、人際關係很是執著。這股緊抓物質不放的慾望，會產生大量「靈魂碎片」——就是因為太在乎了，在乎到大過於自己的性命。當人們大量心力投注於爭奪、保有物質的所有權，會導致靈魂能量黏附在物質之上。那麼疾病的痛苦、時時刻刻的不適，逼得人不得不將注意力放回自己身上，亦能回收靈魂能量，放下對物質的執著。這是比較辛苦的收回靈魂碎片的方式。

如果生前最介意房地產、金錢的歸屬，這份執著也會依附在房子裡。即使是流動的金錢跟股票，往生者的執著也會轉化成業力，透過金錢、股票和任何虛擬貨幣繼承下來。越在意越執著，即使這些財產數量少，業力卻是驚人地多，因為承擔太強烈的慾望了。

所有人類精神層面的慾望和感知，都會因為不甘心的試圖掌控，繼續影響繼承者們。生前牽掛家族，無論是太擔心，或者太深愛而捨不得離開，也會使祖先的能量繼續留在家族裡。所以有些傳統習俗會提醒，別在將死之人身邊哭泣或者吵架，這是因為家屬的悲傷或者激烈的情緒會使往生者死不安寧。甚至因為生前強烈的情感，像是遺憾、內疚、失望與憤怒等，導致死後能量散落，依附在生者身上，卡在家族能量場內。

所謂的「家族業力」，就是祖先們的執著。祖先的牽掛，至少可以回推八代到十一代以上。家族業力都和血緣有關，只要有血脈串聯，這些祖先甚至不必是你的直屬祖先，也包括遠房親戚，可說影響深遠。

若是某塊土地上有一群人，同樣對物質充滿強烈的占有慾，這一代人死後殘餘的執念，也就成為「土地業力」，成為集體意識的一部分，使所有剛出生、仍在生活的人們，無意識中一起分擔著對物質財產的占有慾，以及為了囤積個人財產，甚至不惜剝削他人、大肆破壞環境的心態。

並不是所有人都能在病痛的折磨中放棄對物質的控制，但病痛或多或少能夠減緩執著的程度。因此為了避免個人、家族至群體社會，累積大量的執著、業力和破壞力，幾乎每個人都得經歷病痛帶來的生命課題，意識到生活不是只有財富和囤積，生命應該有更好的發展，能重視健康，享受和平與放鬆的未來。

自殺

我遇見好幾位自殺的幽魂，祂們卡在兩個世界的夾縫，不是太好過。因為自殺的當下，精神上肯定是破碎、絕望與痛苦不堪的，能量是混濁與沉重的狀態。人之所以決定自殺，其實是為了解決生活上的痛苦，覺得人生無法控制，至少能決定自己的死亡。但是死亡之後的發展，可能又是當事者無法控制的。

也由於自殺的情緒壓抑消極，能量沉重到像是鐐銬，把悲傷的魂魄鎖在原地成為地縛靈。困住祂們的，正是死前的那些情緒。當意識依舊存在，沒了身體，也就失去呼救的管道。最糟糕的是，亡魂還帶有感知，罵你的人講的話，你是千里耳都聽得到，醜陋的嘴臉也都看得到；也會看到愛你的人哭得肝腸寸斷，而你連安慰都辦不到。這些階段經常讓很多剛死之人崩潰，想祈求寬恕，於是創造了通往地獄的道路（集體潛意識幻象），在那裡創造受懲戒與被責罰的痛楚，以求讓良心好過。

甚至有的人自殺，是抱著強烈羞愧的心，這份羞愧像是摀住自己的眼鼻，蜷縮著拒絕任何接觸。像這種嚴重封閉的亡魂，只能靠時間慢慢沖淡，直到有一天祂連自己是誰都想不起來，防衛鬆懈了，才有機會接觸到其他的幫助。有些人抱著強烈的怨恨，想以自殺報復某人，堅決報復的意念，成了大塊的靈魂碎片，成為厲鬼，扭曲而沉重地停滯在空間之中，重複怨恨著對方。即使建築改建和拆毀，祂們依然存在四處漂蕩。原本想報復，最後痛苦的卻是祂們自己。

宗教儀式中的念經、迴向，帶來的是集體意識的祝福和信仰的能量。真的能提供幫助，但也要這位過世的當事者「願意聽進去」，如果祂不想聽，還在生氣、不信任人，那做什麼都沒用，無法強迫往生者離開的。經文只是輔助工具，重點是念的人「發自真心願意提供幫助地念誦」，這份他人給予的善意，才能真正打動往生者，感覺到自己被同理、被接納，才會離開。

我的做法都是和往生者聊天，聽祂們訴苦——因為自殺者內心過不去的檻，經常和寂寞、無法被接住有關。祂們依然認為自己是「人」而不是鬼，祂們仍充滿感情和牽掛，渴望被理解，被接納。我只是陪祂們聊天，引導話題，提示祂們注意到內心的糾結，靠祂們發自內心的恍然大悟，願意放下執著，能夠接受幫助，就像釋放自我枷鎖，才會輕盈地轉化為一道光而離開。解鈴還須繫鈴人。療癒只能從內在開始。

我還見過許多個案是因為家族中的恩恩怨怨導致自殺，破碎的部分殘留在家族能量場內，下一回輪迴勢必要重新回到這個家族，重複和前世相關的經歷，嘗試圓滿、練習把過去的碎片撿回來。如果又自殺了，那就再安排下一世。重複在家族中自殺、還未整合的當事者，本身就容易精神不集中，有些恍神，容易感情用事，很沒安全感，更需要周邊人們的支持。而每一次靈魂重新再來，都得再加強投注資源，把過去的失誤補起。從哪裡碎掉的，就要從哪裡撿回來。

靈魂還可以透過輪迴成動物，來收回靈魂碎片。有些精靈若是看到飄散的靈魂碎片，也會幫忙撿一下。其實靈界有非常多的方式協助靈魂回收能量，只是過程通常需要時間。畢竟靈魂是永恆的，既然有永恆的時間，就可以無限地重新嘗試。

亡魂留在原地能做的，就是重複再三地回味生前的痛苦，才會有人看到自殺者重複生前的動作——直到受不了，能夠自我反省和後悔，重新檢視當初自殺的感受，想出其他非自殺的可能性，找到全新的出口，能量才會提升，有機會離開。但這麼漫長的自我折磨，也實在是太辛苦了。

至少活著，你還能求救，你還能打字、說話，你能移動，還能表達自己。痛苦會使人的感知縮限，你能關注的似乎只有痛苦本身，那就鼓起勇氣，既然都想自殺，要不要給自己一個機會到外縣市，像是度假打工，接觸全新的人和環境？也許，你只是需要一個機會突破既有的限制，能夠感覺到「我有能力改變」，給自己重新開始的能力。

若是身邊的人們有自殺傾向，他們非常需要支持與情感的連結。如果你感覺自己拉不住對方，請聯絡社會機構，一個人的受傷需要群體一起提供協助。或者，身邊已經有人自殺了，你充滿遺憾和捨不得，這時可以透過書寫，像是寫一封信給對方，這樣在整理思緒的同時，也能把你的關心和愛傳遞給對方。你也可以燒掉信，原諒感到無能為力的自己。至於往生者能否接受你的善意，也要看對方的選擇，我們只要做自己能辦到的部分。

也可能，你今生的人生規劃真的超越你靈魂所想像的，你覺得太難、太累了，實在無路可走，你決定自殺。我只能祝福你，自殺這條路有點辛苦，過程實在漫長。短則幾十年，長則數百年後，你才能結束亡魂的歷程。再難的路，總是有結束的一天。宇宙不會放棄任何的存有，總會有一天，我們承擔的苦難都將被釋放和轉化掉。

安樂死

自殺和安樂死最大的差別在於，在執行安樂死之前，當事者與親屬們都有經過溝通，取得諒解，知道當事者的無奈。這份選擇是為了減低身體無法避免的損傷造成的痛苦壓力，但是無礙雙方的相互珍惜。安樂死，就不算是自殺了，因為彼此的關係已經獲得圓滿，即使往生也不會有執念牽絆。

時代議題導致的大型事故

Mulo曾經向我分享一個故事。有一位靈魂，非常想成為世界級的偉人，祂在規劃區四處結交朋友，縝密地規劃人生發展，期待在各方資源的贊助下，成為一方領袖，有能力照顧身邊所有的人，發揮巨大友善的影響力。當祂成為人類，由於含著金湯匙出生，後天的教育放大了靈魂的自信變成了傲慢，看不起貧窮人，又充滿野心，急著想擴張領土。靈魂本來規劃要建校教育群眾，但人類卻把建校的土地和錢拿去建了賭場。人類的載體還放大了靈魂對權力控制的慾望，這一點讓靈魂出乎意料，只能努力地從靈界找幫忙，像是找各方教授過來勸說自己的人類，然而人類目中無人，不只聽不進去，還打跑所有知識分子。最後，這位想成為偉人的靈魂所設計的人類，在擁有強大資產的背景下成為軍閥，四處征戰，殺人無數，直到死前都不認為自己有錯。

這一生結束之後，這位軍閥的靈魂愧疚不已，無顏面對所有支持者。這麼重大的打擊使祂承認自己錯了，感受到自己多麼渺小與不足。只是軍閥殺了太多人，承擔無數怨恨成為業力，祂得重新設計人生，來償還過去的罪孽。於是這位靈魂的下一生，設計自己在年少輕狂的時候因為犯罪入獄，即便出獄之後，又會因為當車手、販毒等各種因素重複入獄。甚至最後捲入殺人事件，即使不是他殺的，卻因為嫌疑太重而被判刑，他的一生都得在牢裡度過。那麼漫長的牢獄生活，限制了他前世累積的暴力習性。他在牢裡認識其他犯人，大多是跟他前世一起合夥造業的軍人。無趣的生活迫使他重新思考生命的意義：「如果過去別衝動就好了……」

即使只是在心裡重新檢視，想像「如果當時」的可能性，就像創造了平行宇宙的機會，使靈魂層次重新回顧、模擬以及安排自己習性的改變。靈魂也在此時引導人類的自己，再次檢視心靈與環境是否達成平衡。只是身為軍閥產生的業力很難光憑一輩子就釋放掉，後續三輩子，靈魂知道自己多麼容易殃及無辜，因此刻意安排機緣使自己殘缺，離群索居，練習忍受孤寂與沉默。靈魂認真篩選養育自己和靠近自己的人，期待能改變人類的心境。

這位靈魂規劃的人生充滿創傷，建立起心的防禦高牆，阻止別人的慰問，充滿疑心和敵視。這一切都是過程，像是先切斷「合夥燒殺擄掠」的機會，成為獨行俠，思考自己和群眾的關係，在憤世嫉俗中重新建立價值觀，又在強烈的寂寞中感到疲累無比，累到願意試著相信別人。到了此時，靈魂已經能夠判別，成為人類之後誰會利用自己，誰又是真的關心自己。靈魂的智慧需要生生世世地累積，重複地嘗試、檢討，意識到自己不適合什麼，以及適合什麼。業力，僅是生命們之間的關係友善與否而呈現的現象。最重要的是，靈魂們在每一次的嘗試之中，更認識自己了嗎？

這位靈魂在第三輩子終於償還完畢軍閥人生所累積的恩怨，同時祂發現當初想成就偉業的目的，只是想被誰深深愛著、獨一無二地重視著。於是在第四世祂讓自己成為一位母親，深愛的兒子在戰爭中戰亡，母親在悲痛之中堅定反戰，想保護更多的生命，餘生都在為拯救孤兒奔走。到了第五世，這是該靈魂身為人類的最後一世。祂讓自己成為再平凡不過的女子，在一處鄉村過著不算太苦也不算太累的生活，深愛的丈夫是前世的兒子，前世的丈夫成了現在的孩子，今生終於不再遺憾，家庭美滿，獲得心靈的平和。最後靈魂追尋的，都是失去之後，終於重新獲得的幸福。

在這幾世當人類的輪迴過程裡，靈魂密集地當了將近百次的屠宰場動物，以成為食物的方式平衡和各方無辜者的關係。同時也是為了等待戰爭結束，待社會的經濟景氣恢復，人們有餘力安居樂業，靈魂再來當人類，感受不一樣的生活方式。

戰爭與時代議題導致的大型死亡事件，在輪迴規劃區的長老議會層級是可以預見的。軍閥的靈魂過去設計其他的人生，也有透露出暴力跡象，只是祂不以為意，一心只想幹大事，卻沒料到自己會成為殺人凶手。然而靈魂長老可以看到靈魂在宇宙星際的履歷，祂們知道這位靈魂最多就是成為軍閥，不能再得到更高的位置，靈界仍在隱隱控管著，透過其他靈魂投身的軍閥相互牽制，或者透過天災人禍阻止勢力擴大……其實靈界有非常多的手法降低災害。

成為軍閥人生是這位靈魂必須得到的教訓。祂過於高估自己而投入大量資源，勢在必得。願意相信祂的其他靈魂們也是粗心大意，大量靈魂樂於當個被管理的人民，覺得自己有這位大靈魂當靠山就不需要煩惱人生，沒有檢查更多背景資料，以及設下止損點（例如遷移等等機運）。這是一群有同樣議題的靈魂們共創的課題。

靈魂們發出願望，宇宙收到需求，創造了允諾願望發生的星球。靈魂們渴望做大事、成大業，成為獨一無二閃耀的巔峰人才，於是宇宙創造地球，給予強大的壓力和考驗，吸引無數想成為領袖的靈魂到來。靈魂成為人類之後，相互競爭、衝突、發動戰爭，然後懊悔地檢討，不得不承認自己的失敗，重新再來，期待在地球中找到與周遭萬物和平同在的機會。

萬物重複輪迴，每一個年代都在回應一批批舊有新來靈魂的夢想與期許，一切安排都源自於愛，鼓勵靈魂勇敢追逐夢想的愛，這是自由也是混亂，而在所有發生的事件背後，是宇宙慈悲的目光。

死亡歷程

剛往生的人，靈魂會在第一時間被守護靈帶到輪迴規劃區，盡可能地讓所有能量回到靈界，讓靈魂整合。看起來就像是彗星拖著長長的尾巴，彗星的頭就是靈魂，越沉重的能量就會拖在彗星越後面，如果沒有在往生的那周跟上靈魂回歸靈界的軌跡，拖在最後面的那些執著，也就是靈魂碎片，就會卡在兩個世界之中，變成亡魂、固執的意念，或者成為影響後代子孫的家業。未來可能就會需要透過其他輪迴，再次轉世，回到人世間把這些碎片整合收回來。

結束這一生的時候，如果覺知沒有太多的情感牽絆，會感覺到自己的全身被光籠罩，自己似乎泡在溫泉裡被消融了，甚至充滿幸福感。這份感覺，就是在死亡過程同時和靈魂整合，一起被守護靈扛到靈魂規劃區休息。但如果，這一生感覺很不公平，生前對周遭人等充滿埋怨和遺憾，情緒很多。當身體死後，就像塑膠袋破洞了，騷動紛亂的情緒散落一地，在人類層次散落的情緒就集中在人世間。

覺知擺盪在兩個世界之間，還不適應能量切換的狀態，這是大部分人剛往生的狀態。每個人適應的能力不同，全看生前是否有練習情緒的拿捏和安撫的能力，而決定你收回靈魂碎片的程度，你對自己和其他人的關係感到安心了嗎？這決定了你能否安然進入靈界的休息區，或者繼續留在人世間徘徊。

生者與亡者的哀傷悔恨，都來自於沒有好好地告別，沒有及時向彼此吐露真實的感受。因此在世的親友充滿不諒解、強烈的哀傷自責，也會加重往生者逗留的情緒——畢竟祂們無法離開，卻依然能夠看到、感受到。如果到了生命尾端，身體已經撐不住了，當事者還是強烈惦記房產和某些人事物，覺知跟身體分離的過程就會像被火燒。死亡，在充滿執念的狀況下，也容易成為靈魂創傷的來源。

在生前練習放下執著，練習面對恐懼，其實也是在幫助自己度過最後的流程。

往生者托夢是如何發生的？

人要往生的時候，附近的能量空間會有所波動，因為人體正在大量流失陽氣、生命力，地球正在回收這些能量。靈界各方眾生也會覺察到，不乏好奇圍觀的無聊存有，也包括在周遭管理當地能量秩序的精靈。祂們有的會過來架起結界，避免眾生過度靠近往生者偷走靈魂碎片，也有的會檢視往生者落下一地的靈魂碎片，分類是哪些執著。

當靈魂碎片牽掛家裡的某些人，只要說幾句話就釋放執著，是非常簡單的任務。如果往生者的靈魂有安排，或者有能力的精靈發現，還會通報輪迴規劃區，要不要給靈魂碎片對話、消除執著的機會？也就是提供托夢的機緣。

往生者對在世者有非常多的想法想說，但親屬的情緒若是太悲傷、太痛苦，強烈的情緒會翻攪能量場，導致往生者的話語連不上去，像是電話打不通。往生者要麼找情緒相對穩定的人托夢，因為能量場相對清澈許多沒有雜質，要麼就是靈魂支付地球代幣，請附近的精靈還有其他存有幫忙架起溝通橋梁，像是轉譯能量，讓往生者的電話可以接通親屬混亂的能量場，屬於有技術性的托夢。至少透過交代幾句話，就可以放下執著，讓靈魂碎片黏回靈魂身上，使能量完整，對靈魂而言也是值得的代價。

我們每一個人都會面臨生命的結束，也都期許自己能擁有舒適的死亡。那麼在事故發生之前，即使無從預料靈魂的安排，我們能做的就是設想自己擁有的事物，將如何分配和寄託？提前安排後事規劃，建立遺囑，也是降低靈魂碎片的分散程度，甚至影響來生的緣分有無。能夠好好告別生命的人與靈魂，幾乎也沒有下一回地球輪迴了，對生命的坦然就是對地球的告別，能在此生之後，回歸靈魂的家園，滿心歡喜地從地球畢業。

（四）人類與地球萬物

靈魂分身

靈魂挑選輪迴的物種，考量到影響世界越大層面的生命體，需要的地球代幣就越多。人類便是其中的佼佼者。壽命越長的生命體，靈魂需要投注的覺知能量相對多，格外容易累。幸好成為動物一樣能夠代謝地球的業力，活著就有所貢獻。

在靈魂成為人類以前，或者正在成為人類的過程中，靈魂會同步塑造其他的地球生命體「喘息」。至少當人類的過程，靈魂還可以切換視窗，來到其他物種的角度，稍微轉換心情。靈魂成為動物散布在世界各地，也是用靈魂的能量連結各個載體形成網格，保持和地球相同的頻率，穩固地球的維度能量，像是用力擁抱著地球，也能降低自然災害的發生。這是為了要讓靈魂的影響力達到最大值，靈魂會盡可能地分散載體的分布，各載體之間基本上是不可能見到面的。

所以身為人類，你一定會有其他的動物手足，位於地球的各個角落。可能是飛鳥、深潭中的魚蝦、中小型野獸；當然也可能是昆蟲，或者是微小的真菌，有非常靈魂若有餘力，盡可能成為不同的地球生命體，分布在地球各方，擁抱地球的能量場，支持各個維度的能量平衡。

輪迴規劃區限制每一位靈魂，最多同時當三名人類，橫跨幼兒、成人與老人，靈魂才有足夠心力，將資源輪流投注在精華的壯年期。

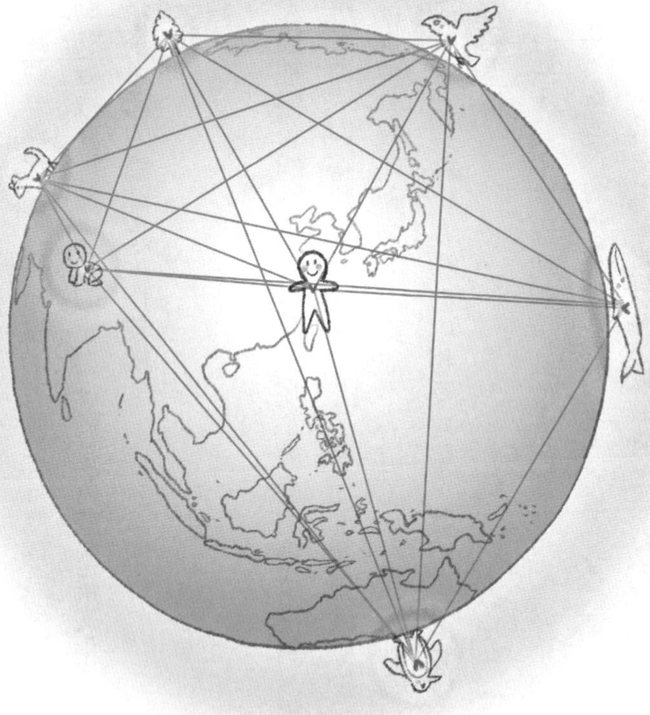

「網格」會構成空間的維度。維度的平衡，又來自星球載體與靈魂們的互愛與支持，包含萬物之間的連結，以及生態多樣性。生命的蓬勃發展，支持地球精彩的生命與能量平衡，使地球壓力得以分攤，友善得以分享，互相扶持前進，成就精彩的時代議題。

多的選項。當靈魂的其中一部分處於大自然，能夠相對安定人類層面的情緒跟心態的穩定。所以保護自然生態，其實也是在幫助人類，郊區的野生動物很大一部分都是人類靈魂的分身。我們一直都在萬物一體中，只是有無意識到罷了。也正是靈魂會分取一部分成為動物分散在地球生活的壓力，於是有些傳統文化，會有動物守護靈的概念，那更像是拿自己的靈魂分身作象徵。

畜牧業

靈魂又是怎麼安排被飼養的動物生命藍圖呢？前面的篇章提到，靈魂會透過安排沉重的傷害來化解業力，在畜牧業上也是。為了食用而養殖的動物，也都有人類相關的議題。有些畜牧產業管理動物的方式並不人道，只是以營利為目標，做最大化的集體生產，使動物彼此踐踏，在壓力中相互攻擊，甚至容易引發疾病，讓動物的生命過程充滿痛苦和虐待。

過去的歷史上，有些人類不友善地對待其他人們，他生前累積的業力實在太沉重了，如果要成為人類，靈魂沒有把握能夠控制業力，擔心又繼續傷害別人，不如就成為遭到虐待的養殖動物，承受可怕的待遇。除了消化業力，屠宰之後的肉品，也會送上過去曾結怨的人們餐桌，透過被食用，也像是道歉，以平衡跟對方的關係。

但並不是所有的畜牧業都會用極端的方式飼養動物，現在越來越重視人道飼養，尊重生命的心意，可以減少靈魂的痛苦和地球的負擔。即使最後會屠宰和食用，至少動物在養殖過程是舒適的，生命是被尊重的。善待物種，都是在減少靈魂碎片，以及減少業力在短時間內的大量累積。

有的動物在身為人的前世，並沒有傷害那麼多的人，也沒有那麼多的業力。只是身為人類的時候，充滿不安與執著，強烈的情緒導致靈魂碎片過度分散，靈魂覺得好累，實在沒有那麼多時間一直過來輪迴成為人類，不如把分散的靈魂碎片集中，成為動物的覺知，這樣的動物會記得自己的前世，記得曾身為人。成為動物，面對養殖場的管理方式，感受到人與動物的懸殊差異，也會讓動物的覺知感受到：「原來我已經不是人類了，過去我所牽掛的所有人事物，也早就不重要了。」

人類因為教育學習體制重複鍛鍊大腦，造成大腦過度強勢，壓制靈魂的能量。動物的生活模式，沒有長期訓練大腦的過程，動物可以透過「直覺」和靈魂同步，知道這一生的安排與目的。被畜牧飼養的動物，都知道自己的壽命什麼時候會結束，牠們會在有限的時間內，反覆思考過去身為人的執著跟現在的處境。帶來領悟，也是練習放下執著／業力。

但不是所有的畜牧動物都是帶著悲情遺憾的心態，面對被屠宰的命運。首先要談到動物載體的特質。肉豬的載體可以承受的業力是人類的八倍，透過成為豬，被飼養、被屠宰的過程，靈魂可以加快釋放過去累積的個人和社會業力；野豬的載體能夠承受的業力大概是人類的四倍。當靈魂過去成為人類累積的業力越多，為了快速代謝業力，也就會密集規劃成為肉豬的體驗。無形中，也會增加食用豬的市場，使肉豬的繁殖場越來越大，越來越多。

想要成為牛隻的靈魂，反而是帶著想要分享愛的心，期許自己的一部分能成為人類的一部分，喚醒人們的良善，因而做出這樣的自我犧牲。牛隻承載的是超過人類十倍以上的土地業力，所以靈魂過去如果有強烈的愛國心、對土地資產有強烈的執著，更適合成為肉牛代謝和土地相關的業力。靈魂如果成為羊隻，羊隻是承載民族集體意識的傳統能量，像是祖先對後代的惦記。雞鴨等鳥類承載的是人類大腦強盛的算計與鬥爭的能量；魚類等海產則是人們破壞大自然需要代謝的業力。

靈魂會依照過去身為人類的習性，輪迴成不同的食用物種，透過生死化解過去累積的各種層面上的業力還有緣分。成為食用動物，肯定還是會在屠宰的過程感到恐懼和無助而散失靈魂碎片。不過，比起人類層面的散失靈魂碎片，成為動物散失的分量會少很多，也就是讓大塊陳舊的業力，更新為較少的業力，可說是兩者相權取其輕。

當人生最末剩下許多遺憾，包括憤怒與不甘心的情緒，沉重的感知會留在人世間，無法隨靈魂回到輕盈的輪迴規劃區。

若靈魂短期內不想再當人類，靈魂碎片會被各方眾生透過緣分收集起來，再經過靈魂的同意後，進入動物輪迴。

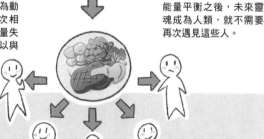

因為強烈惦記某些人而期待再次相會，成為因緣安排的吸引力。

成為單純的動物，能夠修補靈魂創傷。

透過身為動物的體驗，靈魂碎片逐漸意識到，過去當人類的痛苦和煩惱都結束了。

透過畜牧、養殖業和成為動物製品，能量上的再次相會，結束生物之間的能量失衡。平靜的靈魂碎片得以與靈魂重新整合。

能量平衡之後，未來靈魂成為人類，就不需要再次遇見這些人。

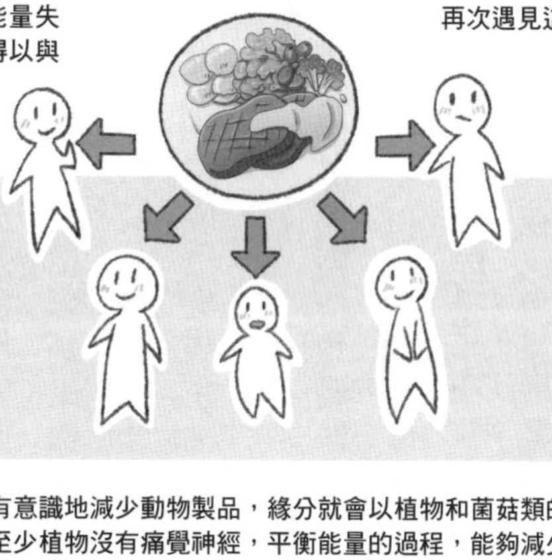

倘若有著實在無法輕易忘懷的情感，只能待未來繼續輪迴，下輩子再次成為人類，期待彼此能夠圓滿，化解僵滯的能量。

有意識地減少動物製品，緣分就會以植物和菌菇類的型態來平衡，至少植物沒有痛覺神經，平衡能量的過程，能夠減少靈魂的壓力。

屠宰／加工／販售肉品的業者，也和這些動物有緊密的關係。（同樣的道理，人力仲介，本身就善於連接人與人的關係。）業者過去和這些人類／豬隻有各種恩怨，因此透過動物肉品的交易，來平衡跟這些人的關係。另外也有靈魂為了感謝業者曾經的付出，透過今生成為肉品，替業者獲得穩定的收入。

當能量來到平衡值，業者就會萌生想轉行的意念，或者想找別人合作分擔，又或者靈魂會規劃某些意外，提醒人類要停下來改變營運內容。能量來到平衡值之後，人就會想要改變飲食習慣，減少肉食，或者是由於經濟跟時代變化，不得不減少肉食。輪迴規劃區一直都在引導靈魂還有人們的意念，造成職場與生活方式的變動。

請記得，業力的特質是頑固、僵化、懶惰和拒絕改變。有些人類堅持想要保持原來的生活模式，害怕犯錯，業力就會大量累積，已經超過今生可以代謝的程度，這就要讓靈魂再安排下一生的能量平衡。因此人的飲食，也是在進行能量平衡。突然想要吃什麼買什麼，就是過去某個地區，以及某個靈魂跟你有關係，於是成為今生你餐盤上的食物。

當人們的身體沉溺／麻痺於壓力，習慣一定程度的壓力，就會想要大量攝取肉食，維持體內的業力和壓力濃度。蔬菜水果等農作物，尤其以深綠葉蔬菜具有最多太陽的能量，太陽的能量可以淨化一部分的環境壓力；根莖類、蕈菇類的作物，則以地球的能量為多。如果你的身體能量跟地球達成平衡，你會習慣以蔬食釋放體內的壓力，而非以肉食保持壓力的濃度。

請保有善意，無論你採取什麼樣的飲食和使用動物製品，請珍惜這些產品都是靈魂們用盡生命提供的心意。感謝所有的食物，感謝有形無形中的犧牲跟奉獻，你的善意也會回傳，成為和諸多靈魂們的能量平衡，像是成為一個句號，劃下段落。

當人能夠穩定自己的各種面向，和周遭環境能量逐漸達成平衡，你會感受到身體真實的需求，自然地調整成對身體有益的飲食和生活採買方式。當然，也不必強迫自己非得改變飲食，每個人身體條件不同，只要意識到，你在無形中維持的某個習慣，和每一餐、每一件日常用品的使用，其實都有背後的緣分和安排。

光是理解，就是一份覺察跟領悟。

寵物

成為寵物的動物，可能前世當過人類，或是曾當過飼主的精靈界朋友，又或者靈魂剛來地球想嘗鮮，目的較為多元，重點都是不想當人類深入險境，今生只想旁觀和提供陪伴，順便近距離體驗人類的生活。

飼養多種寵物的飼主也會發現，你會對其中幾隻動物特別偏心，這些偏心都和前世的情感有關。例如寵物曾經是愛你的長輩，你當時沒辦法孝敬對方，今生就加倍愛回來。如果寵物前世還真的是照顧你的長輩，今生就有很大機率牠會帶著前世的記憶，認真盯著你的作息——會等你回家，一旦你晚睡就對你大叫，頗有管理之意。黏人的寵物可能曾是你的晚輩，甚至是兒孫的機率都很高。祂們特別想撒嬌，想獲得你的寵愛。反而過去曾經是平輩的寵物，今生的感情就像好夥伴，帶給你強烈的支持感。

多數的寵物生命周期較短，祂們並不想久留，成為動物對靈魂也是個框架。祂們因為愛你，才願意陪你共享一段時光。有的寵物會被飼主虐待，這種現象往往發生在成為寵物的靈魂低估飼主的靈魂與業力的關係。人在過多的業力／壓力下，會想找目標發洩，若成為寵物的靈魂一開始的目標就是替飼主分擔壓力，那麼無形中，飼主的攻擊性很容易因為業力和壓力爆發，甚至造成寵物的死傷。

同樣的，會找野生動物下手虐待的人類，在進行殘忍的虐待過程會有激昂的情緒出現，這些情緒也都是靈魂碎片。其人類的守護靈會替這些碎片做上記號，當人類的靈魂在輪迴規劃區和靈魂長老討論自己的人類虐待動物的行為，以及分散的靈魂碎片該怎麼取回，靈魂長老會建議靈魂，把自己的靈魂碎片集中，輪迴成動物，

靈魂成為人類之後，會進入各行各業發展
天賦，幫助人類也幫助地球。
靈魂的愛，無所不在。

水電工、建築和工程維修人員，靈魂特質都與強硬高壓的能量有關，使人類對相關職業器材特別有興趣，或者能駕輕就熟。

和這些人當鄰居、當朋友，或者有僱傭關係，我們的靈魂都在和這些人們的靈魂學會駕馭剛硬的能量，甚至能夠增加人類能量場的防禦和保護。

從事藝術行業的人們，例如投身劇場、舞蹈、音樂領域、繪畫，其靈魂的延展力非常高，很有彈性、渲染力、韌性，能夠展現「以柔克剛」的特質。

欣賞文藝表演的同時，觀眾的靈魂亦能向藝文界的靈魂，學習如何控制柔軟的能量彈性，例如對感性能量的拿捏，釋放大腦僵化的緊繃能量，化解疏離與冷漠，使人們能夠感覺到愛、分享、包容，以及一體同心的群體連結能力。

小吃攤、餐飲業，飲食所使用的材料多元，需要顧及視覺、味覺、嗅覺。備料的過程中，使用的器材亦是多樣化的。老闆的靈魂還要對內部管理、外場營運有所涉獵，事業才能長久。

幾乎從事餐飲業的人們都是老靈魂，對人生有相當豐富的經驗，透過商業活動，也將靈魂對世間的理解與愛，放入食材。能量技術好的老闆靈魂，會讓民眾吃喝之後，產生「充滿幸福感」的感動，安撫人們疲累的身心。

這些動物會因為機緣安排，被其他會虐殺的人類殺害。

有些動物和動物之間也會有虐殺的行為，像是想要玩弄對方，而非因為飢餓而獵捕。這也是動物的靈魂之間的相互體驗，感受到恐懼、憤怒，在靈魂層面也是幾世的輪流交換角色。當雙方都理解了情緒的波動，未來靈魂就不會再當虐殺其他生命的動物體驗了。

在靈魂層次需要「能量平衡」，因此透過虐殺的快感而分散的碎片，需要透過強烈的「我想保護自己的生命」的意志來取回。曾經扮演攻擊者，之後就需要成為承擔者。靈魂如果還有來生，甚至會安排人類成為照顧動物的職業，為過去的失衡做出補償。如果靈魂的性情溫和，能夠控制人類的思想與引導恰當的抒壓行為，沒有刻意、惡意傷害其他生命，也就不需要扮演極端的兩個角色，只要把自己過得穩定就好了。

無論如何，成為什麼樣的物種，都是靈魂自願的選擇。沒有誰是被強迫和被懲罰，所有的發生，都出自於愛與和諧。

人、動物、愛與恨、大腦的控制

如果靈魂只有體驗動物，會習慣享受當下，讓能量保持在穩定的平衡中。動物和人類的載體最大的差異是，人類會「恨」。人類的大腦能夠體驗強烈濃厚的情感知覺，感受到沉重的、壓力的反彈情緒，靈魂成為人類的過程，在生活壓力之中面臨不公平、強大的挫折時，「恨」與相關負面的感受出現了。恨像是爆發的利針和殺傷力，靈魂會驚慌失措：「我怎麼可以恨人呢？我怎麼可以討厭人呢？這種情感好可怕！」

因為在其他輕盈的世界，靈魂如果感受到「恨」，載體就會破滅。結束在能量輕盈星球的輪迴體驗，就像泡泡無法承受高壓，所以靈魂們幾乎不知道自己會有「恨」與相關負面情緒的可能性。地球是個能量沉重到可以體驗「更深層情感」的世界。在地球，所有能量都是濃縮的，濃縮到「恨」的情緒也只是情緒，不至於成為實際的破壞殺傷力。靈魂會在地球感受到強烈情緒的衝擊，甚至需要好長一段時

7 新來的靈魂，會成為大自然裡面的野生動物，終其一生不會和人類有任何接觸。正在當人類的靈魂，或者已經當過人類的靈魂想要體驗動植物，會成為靠近人類生活圈的物種，很大機率會遇到人類，或者被人類影響。

間與之相處，情緒還會相互糾結，恨會越來越沉重到演變成執著，更需要讓靈魂重視照顧情緒、梳理壓力、療癒自己，收回靈魂碎片，讓靈魂能量回歸完整。靈魂當過人類學會「恨」，若接著再去當動物放輕鬆，這樣的動物也會在遭受不公平的對待時，產生「怨恨」的情緒。

這是因為人類的載體比起動物，有太精密繁複的情感流動，人們會愛恨糾結，反覆思索人與人的關係，還會導致情緒上癮，思考到停不下來，使得情緒一波波淹沒理智。因此輪迴規劃區會篩選靈魂們，以及安排複合型靈魂的體驗，還有鼓勵靈魂多借印記，理解將來的人生會面臨何等的挑戰。質量小的靈魂，或者是地球原生種的精靈，能量與生命體驗還不夠豐富，需要多當其他物種，更理解地球各式各樣的能量流動。祂們往往會在收集好足夠的資料後發現，自己的狀態確實很難駕馭人生，或者可以成為複合型靈魂的百分之一到百分之二，陪襯著一起體驗人生，也不至於承擔太多壓力。

經過輪迴規劃區篩選後，幾乎只剩膽大、能量足夠穩定的靈魂，也就是從其他世界加入地球輪迴的高靈、外星人，能夠體驗、主導人類人生。所以可以這麼說：所有身為人類的靈魂，都是從外星來的。這也是為了確保所有的靈魂在深度體驗的過程，有基本的風險控管，避免體驗者的能量崩解離析。

（五）靈魂藍圖的變數

人生藍圖並非拿來侷限人的能力，而是期待人們、鼓勵靈魂盡量來到預計中的標準值，在每一個定點相互合作，竭力做出最好的發展，如果有餘力超前進度，提前完成今生的目標，就有更多餘力自由發揮。

每個人的人生都環環相扣，血緣串流了家業，社會與文化風俗構成了民族業力，以及土地業力的影響，人很容易在無意中就被各種層次的能量引導至特定的生活模式，就像是跟隨固定的軌道行事，隨波逐流，而毫無覺察。

在地球的生活，是讓靈魂練習融入地球的能量氛圍，成為地球生態循環的部分，感受各個層次的能量牽引，最後能夠駕馭這些能量不被控制，甚至可以反過來改善整體環境的氛圍。因此生命藍圖的秩序非常重要，你和誰的緣分、你和環境的關係，不是說改就能改的。每個人的命運鋪陳牽扯到靈魂相互支援，你的運勢或許和遠方親戚的事業規模有關，遠房親戚的事業又照顧了成千上百的員工家庭，這些員工們過去或許和你也有緣分，而透過你無形中傳遞的靈魂資源平衡著彼此之間的關係。

在輪迴規劃區的圓桌排程，目的就是在把大家的運勢、有形無形的相互支持，加入地球的能量場，確保每一個時間點，會自動啟動接下來的運勢鋪陳。當然也常常發生靈魂成為人類之後，發現事情沒有自己想得那麼美好，中途想要解約。靈魂長老在這些事情發生以前，其實已經努力勸導跟建議過了，靈魂若要放棄原來的設定，還得需要花時間周轉，讓其他靈魂們有機會做出取代方案，牽扯的關係和層次非常廣泛。

雖然靈魂和人們有自由意志，但不是「因為我有自由意志，所以我欠你的資金和合約就不必管了！」並不是可以這麼任性地說改就改，否則世界會大亂。人如果想要修改糟糕的人生藍圖，需要意識到這是非常大的機緣調動。首先你的意志力要持續超過半年甚至兩年以上，因為你正在跟無形中巨大的地球能量流動對抗著，你的意願要強過於原來的靈魂設定，「不想放棄自己」是非常重要的心願。因為慣性，還有業力會讓人懶惰，覺得好累而回到既有模式。當人們真的展現出「我想要改變，我想要創造一個更好的處境」的意志力，並且能夠保持下去，也就是改變自己的慣性，正在駕馭業力，產生扭轉的動能。

靈魂長老和你的靈魂團隊此時就可以作證，祂們能擔保你真的改變了，從內而外的，你值得更好的選擇跟安排。你的生命力帶動祂們的支持，加強靈魂藍圖推動的力量，於是人生跟著改變。人生還是可以有很大的轉圜空間，重點是耐力、專注力、毅力，不要放棄自己。強大的意念，通用於兩個世界。

刻意經營／挑戰高難度的身心

關於多重人格（DID）可以《24個比利》做例子。這些人格中有的是外靈，有的是前世，甚至有守護靈（試著別讓人類能量潰散），不過絕大多數是外靈，也有幼年時受極大創傷，導致情緒崩解的靈魂碎片。

精神嚴重分裂，或者具有攻擊與暴力性質，只有部分和外靈有關，更多的是自己內部的解離。甚至解離的狀況是前世就發生了，參雜著前世的創傷和壓力，今生要練習把前世的份一起收回來，或者至少能夠練習能與其他部分的自己和平相處。這樣的人生主軸，都要先意識到自己的理想和現實之間的差距，以及願意找專業人士求助。其實許多精神分裂的原因，都和人際的挫敗有關。因為人而導致的創傷，也需要靠人協同修復，獨自撐著反而壓力更大，狀況愈嚴重。

求助也需要勇氣，或許也會遇到無法交流的對象，但至少給自己多一點機會，嘗試找到能接納自己的人。靈魂也都在靈界替人類尋找求助的管道，兩個世界一起努力整合。

增加未知變數的人生藍圖

在未出生的人類機運安排中，有一個選項是：「是否願意增加未知的變數？這個選擇會帶來刺激和驚險，需要額外找資源緊急應變。」有的靈魂覺得人生種種全都在規劃裡，實在太無聊無趣，特別想點選這個選項。這份選項就會讓人類「格外能夠感受到靈界，也容易招受靈界眾生注意」，也就是天生能量場薄，很容易被外在環境擾動。這類人的主要特徵是，從幼兒時期開始就容易哭鬧，容易受驚，很難安撫，十分敏感。

Mulo說我這輩子的人生，反而沒有開啟這個選項。祂表示：「我規劃你會開靈通，是要你能夠冷靜地辨別和篩選祂們的差異，理解能量的流動和結構，不是要給我自己找意料之外的麻煩。」Mulo對我的靈通設定是「加強與靈魂的同步率」。好處是，靈魂的感知和狀態與人類同步並行，缺點是，靈魂容易看不到自己的盲點。這部分就得看靈魂的個性是否願意接受諫言，特殊指導靈的挑選也要和靈魂有相當的默契。人類與靈魂的同步所開啟的靈通，相對於「增加未知冒險」的選項安全多了。

「增加未知冒險」像是旋轉鈕，可以選擇開大或開小。這份選項所出現的變數，不會出現在輪迴規劃區的圓桌內，而是隨機的突發狀況。如果靈魂足夠熟悉自己的狀態，將這份選項視為能夠成功克服的挑戰的前提下，往往會在短時間內累積大量經驗值。然而潛藏的隱憂是，靈魂若是抱著遊戲好玩的心態做設定，實際當了人類之後發現實在太不容易了，天生能量場薄又容易被靈界眾生捉弄，還得額外花錢、花時間找其他人求助，除此之外現實中的倒霉事也容易發生在自己身上，別人都沒那麼衰。長期的壓力如果超過心理承受度，甚至會導致思覺失調，或者意志被擊倒，失去求生意志，只想擺爛過日。

因此人生種種設定，往往要靈魂多當人類幾次體驗過後，才知道哪些選項可以按，哪些最好別碰，依照最適合自己的人生採取行動。

老靈魂與新靈魂的不平等合作

這個現象很容易出現在緊密到失去界線的親子關係裡面。有些老靈魂，祂們前幾次的人生體驗過度自我中心，導致合作的靈魂們非常不愉快。有的靈魂不想計較，會釋放對彼此的牽扯，然而老靈魂招人怨的行為模式，還是會給自己累積不少業力。又或者合作過的靈魂還是太生氣了，不想輕易地算了，只是想要冷靜一段時間，觀望老靈魂會不會自我反省，再來重新規劃雙方的緣分，等將來和解。

既然靈魂之間的合作不愉快，彼此都有靈魂碎片掛勾，產生的業力也需要化解掉，於是靈魂長老希望老靈魂練習解決人際問題，學會如何友善對待別人，不要在壓力下把自己的情緒跟業力丟到別人身上，以及該怎麼看到自己的問題。

有的老靈魂真的太急躁了，甚至不認為自己有錯。老靈魂只想要解決業力，不想思考業力從哪裡發生的，還有的老靈魂會怪東怪西，認定祂所遭受的一切都是別人害的，都是地球的規則不公平，無法包容祂的行為，祂不甘心得靠自己承擔。其他當過人類的靈魂都吃過人生的悶虧，因此非常小心審核合作夥伴過去的經歷還有名聲。有前科的靈魂，需要花更多的心力說服其他的老靈魂合作，還得化解對方的疑心病，實在太麻煩了，不如找還沒有搞清楚狀況的新靈魂和自己合作人生，彼此有緊密的家庭關係和業力連結，好讓自己身上的業力，能在這一生全交託出去。

新靈魂剛來輪迴規劃區，由於還沒有收集完足夠的資料，仍在一頭熱血中，眼神還充滿著光彩與期待，比起經過輪迴顯得疲累的靈魂，這麼單純輕盈的模樣，非常容易辨認出來。老靈魂會說自己都沒有朋友，或者沒有誰可以相信，自己很無辜地承受很多業力，請新靈魂過來當自己的小孩，讓自己重新學會愛和友善的人際關係。如果新靈魂太單純，也就很容易把老靈魂的訴苦聽到心裡面去，畢竟大家來到地球，就是想要來提供幫助啊。

圓桌系統在排演人生藍圖的過程，持續跳出各種提示，提醒新靈魂：「你要有足夠的經濟能力，才更方便加入人類社群。你要設定更多的朋友關係、職場關係，還有往外連結的方式。」只想著解決自己問題的老靈魂會搶著說：「我可以提供你所有的經濟，你只需要忍耐我一點點的情緒，就可以幫我化解所有的業力。如果你想要幫助我越多，你就需要更仰賴我，這可能會讓你承受社會的批判，但是我會給你住所，不會有其他人攻擊你。」

當然也會有旁觀的靈魂看不下去，想要多講一點話。不過有經驗的老靈魂就會緊緊抓著新靈魂，像抓著替死鬼，強調自己有多可憐，一定需要新靈魂的幫助，不可以拋棄祂。善於情緒勒索的這個能力，在後來成為人類的親子關係中也會非常明顯。父母親有強大的控制慾甚至是攻擊力，都是業力過強的特徵，畢竟人類跟靈魂是有相像之處的，才會導致業力累積的速度大過於消化的分量。

新靈魂還是有機會親自操作地球說明書和圓桌系統，以及在借印記的過程裡，看到各種不太對勁的跡象。會主動找資料求證的新靈魂搞清楚狀況之後，大多會拒絕過度緊密的依附關係，或者退而求其次成為鄰居，如此一來還是會照顧對方，但是不想要住在同一個屋簷下。輪迴規劃區的志工以及靈魂長老，秉持客觀的立場，不方便直接點破不公平的合約，但都會重複詢問新靈魂：「你確定真的想要把自己的人生完全拿來拯救這個人還有他的家族嗎？你需要承受非常多心理上的折磨，甚至因此封閉，再也不相信其他人能夠幫助自己，成為你的人類的生命創傷。你真的不想自己獨立操作系統？」

然而往往旁人越勸退，新靈魂就越覺得老靈魂可憐，於是堅定地說：「我不需要獨立操作，因為我非常相信我的能力跟我的勇氣。人生這麼短暫，捱一下就過了。」新靈魂實在捨不得放棄對方。

在成為人類之後，新靈魂成為的人類，會由於種種因素導致的挫折灰心喪志，他沒辦法外出找工作，必須倚賴長輩的經濟支援還有提供的住所，然而經濟無法獨立，也會影響到自信以及對他人的看法。比如說，覺得所有人都是險惡的，每個人都要騙自己，沒有人能夠相信。這種信念也是傳承了家業，固執、無法信任、拒絕接觸，以及最重要的：業力的惰性。

「繭居族」、「啃老族」就是這麼來的。他們並不是失敗者，這牽涉到靈魂合約，承擔了超乎他們所想像的生命壓力，也因此痛苦不堪。當然有的靈魂發現虧大了，後悔當初沒有把資料找齊，或者乾脆先逃出家門再說。只是有時候，靈魂們實在不知道該如何著手認識地球的能量，因為在輪迴規劃區的交誼廳待的時間太短，人際資源完全不夠鋪陳。因此新靈魂在人生挫敗中很容易流落街頭，有很大一部分的心理因素是放棄自己，無法確定自己在地球的定位。也就是因為新靈魂們沒有看清楚地球說明書就跑下來的現象實在太多，以至於當初人生的規劃非常簡易，沒有其他的備案。

經歷過類似苦難的靈魂們不少，這些感同身受的友善老靈魂們，就在人類的社會層面成立社會福利機構，推動法案，透過各式各樣的公職和法人單位，試圖從不同年齡層的群眾切入，提供實質生活上的輔導和資源。

縱然靈魂之間有極大的差異性，有的會為了自己的利益隱瞞部分消息，但其實友善的靈魂跟人們還是占多數，大家都非常願意提供幫忙，給予資訊、行動上的分享。而能不能真的符合自己的需求，還是需要當事者願意多打聽消息，以及給自己更多的機會嘗試，請別輕易地放棄自己。

靈魂為什麼不能直接幫助人類？

如果靈魂急著想拯救人身的自己，或其他的人類，直接用靈體的狀態接觸情緒爆炸的人（無論是憤怒、恨意、悲傷、痛苦、焦慮等等），就像手指被燙到，靈魂會受傷。最安全的狀態下，是靈魂和人類保持一段距離，祂們耐心地在生活上安排際遇，像是引導人類閱讀有啟發性的書，讓人類層面得到抒壓的幫助，以及安排能夠協助自己成長的其他人類，獲得同伴的支持。如此一來，人類的性情越穩定，靈魂也就能靠得越近，人與靈經常保持在整合的狀態。

並非靈魂不想整合，而是多數時候祂們也被人類的情緒嚇著了。地球的能量既沉重又扎實，如果靈魂太心急、太心軟，就很難拿捏幫助人類的方式。也可以說，人的身體是個安全的屏障，區隔人類壓力和靈魂的狀態。即使靈魂有上帝視角，像是自己創造了迷宮，大概知道哪個地方需要轉彎，可是實際上走路、補給糧食、跨越難關的都是人類，經歷心境轉折的也是人類，人類的層次也可以決定要不要轉彎，要加速或者慢下來，也有人決定就坐下來擺爛，這是靈魂無法控制的。命運還是掌握在人的手中。

祂們其實能幫的有限。把靈魂視為決策生命的主宰，也是高估祂們了。靈魂是和我們同步學習的，沒有誰才是主導，而是當下你做的決策，才是真正的主導。靈魂真的會善良到給自己攬一堆事情，像是把自己安排到業力重的家族，總是結識業力重的人們，就是想幫忙分擔和化解業力。我難免也會埋怨Mulo過去的安排。不過我的個性，確實不奢求別人對我如何，至少我要加倍地把自己照顧好。每次遇到狀況差的時候，我就告訴自己：好吧，又是心靈打掃時間了，至少現在的我，可以安慰我自己。

倒是Mulo看我總是在收爛攤子，祂自己也心虛了，就另外安排其他的學習跟進修，陪我一起面對童年創傷。我覺得心態上，我已經比Mulo更強壯了，這是我後天學習來的，我可以主動出擊，安撫過去，扭轉沉重的習性。我喜歡這樣的自己，現在換Mulo心情不好的時候會想來抱抱我，我變成祂的安撫小朋友啦。

靈魂合作失敗

理想的狀態下，靈魂都能夠完成人生目標，可惜現實不一定稱心如意。如果中途反悔了，靈魂長老隨時都能提供幫忙，像是趕快調新的指導靈過來，協助靈魂之間合作，或者請其他指導靈過來分擔靈魂某項工作的壓力，會做很多複雜的靈界資源的調整。

靈魂長老議會的存在，就是想辦法調節靈魂之間的歧見與衝突，替靈魂解決現階段遇到的難關。說起來，靈界有很多的相互扶持都發生在睡眠過程中，靈魂們會趁肉體休息時跑回輪迴規劃區開會，討論解決生活上的問題，這又是睡覺很重要的原因了。[8]

靈魂長老最常遇到的狀況，就是複合型靈魂其中之一不想幹了，臨時要退出，其他成員無法接受，靈魂也會吵架到打起來，甚至大哭，混亂狀況還真不少。靈魂長老就要輪流勸架，或者請人身指導靈緊急介入，讓那段人生以空白記憶的方式度過。雖然頭腦沒記憶，身體還是記得創傷，就會在未來成為心理壓力的引爆點。也只能暫時延後解決問題，以手動方式降低參與者與環境互動的痛苦指數，靈魂才肯繼續留下來，讓人生藍圖繼續走。創傷型失憶症的身體反應機制，還有情緒壓力突然在睡一覺就消失，就是這麼來的。

也難免有的靈魂想毀約，直接逃回靈界，不想管就是不想管，剩下的靈魂不知道該如何是好，甚至就擺爛賭氣了，這樣的人類也就活得渾渾噩噩，消沉擺爛，對生活充滿挫折，甚至想將情緒／暴力發洩到無辜者的身上。最後人生結束結帳，雙方還是得平攤業力，也都留下相關創傷。

無法承認自己的失誤

有的靈魂高估自己的意志，認為有困難硬拚硬闖就能過了。卻沒料到，從原生家庭繼承而來的習性，會使頑固的性情變成暴力傷人，導致闖下無法收拾的嚴重後果。也有的靈魂認為只要努力一定會成功，但是努力的方向也很重要。努力是一種態度，是達成成功的要素之一，而更重要是因緣的安排，人生將來的位置，取決於靈魂在輪迴規劃區的細節安排，才促使你的努力達標。然而不努力，連機會都沒有，努力在競爭體系的社會是基本的人生態度。又要在努力中，找到適當休息的平衡，才不會像煙火一瞬間爆炸，什麼都沒留下。努力之餘還要斟酌時間，生命是場耐力賽。

在成為人類的同時，靈魂能同步體驗當動物和地球精靈，稍微可以分散焦點，釋放在地球的壓力。但是這份機制也容易成為逃避，像是太熱衷在精靈界工作和遊玩，偶爾才回來人身簽到，忽視人類情緒的壓力。

也有當初想承擔的業力太多，靈魂已經很努力控制了，可是人類承受業力產生的影響超乎想像，這時候靈魂就要多搜集資料，找更多救援的機會安排到生活上。然而人類也有拒絕的權利，如果人類什麼都不想管，完全放棄自己，靈魂也是無可

---

8 長期失眠的人通常都是頭腦壓力太大，過度焦慮，還有肩頸僵硬。吃安眠藥讓身體好好關機，也是讓靈魂回去開會休息的方式。只是失眠的問題也要注意是否和長期飲用咖啡、茶、巧克力等含咖啡因的飲食有關，這類型的食物會使身體過度亢奮到麻痺，失去對疲累的敏感度。

奈何。靈魂協助人類層次有很重要的黃金時段，約在人類的二十歲以前，心性與認知還在吸收期，願意接受各種管道和資訊。超過二十五歲之後，人的大腦理解漸漸塑形，頑固的人會更頑固封閉、不聽勸。三十歲以前，若靈魂的個性和人類的成長環境還保有和周遭環境接軌的機會，大腦對外界還保有好奇和探索之意，思考上也就沒那麼僵化，可以接受新資訊的進入，整個人生還有很大機會調整。[9]

由於每個靈魂照顧人類的心態和方式不同，採取的行動不同，於是有些人生結束後，靈魂長老約靈魂聊聊人生上的挫折和意外，靈魂不甘心地覺得「都是環境逼我的」、「我本來很善良」、「我不是故意要害別人的」、「我也很委屈」、「都是別人的錯」……畢竟當時帶著多大的夢想來參加輪迴，要承認自己做不到，感覺實在太糟糕了，有損尊嚴。因此輪迴動輒好幾輩子起跳，往往是前一兩輩子大膽嘗試，發現結果不盡如意，再安排較為辛苦的人生還業，從基礎嘗試理解人生規則。接著發現自己的粗心大意，再安排下輩子收拾善後，把生活格局縮小到可以控制的範圍，不求大鳴大放，只求心安理得。能夠照顧自己，收拾靈魂碎片，就可以從地球畢業，可以說，地球是個「控管夢想與實力平衡」的世界。

最後，我們來談談，從地球畢業後是什麼樣子呢？

從地球畢業的靈魂

當靈魂覺得自己已經完成來地球的目的，心滿意足了，對地球了無牽掛，靈魂長老會詢問靈魂願意畢業了嗎？

如果答案是，輪迴規劃區會送給決定畢業的靈魂一份禮物——把靈魂累積的所有地球代幣，加上地球給予的感恩和祝福，化為白金色明亮的紀念物，宛如巨大的金翅膀與銀光徽章，感謝靈魂為地球的付出，為靈魂舉行盛大的畢業典禮。靈魂長老會親自替靈魂別上徽章，靈魂在熱烈的全體掌聲和輕盈的能量包覆中，滿懷喜悅地離開地球的能量場。

有的靈魂突然發現能離開了，在震驚中邊哭邊笑，捨不得還在輪迴規劃區的好友們，於是想留下來當志工，分享能畢業的心得。也是有這麼重情義的靈魂，全身金燦燦的，像是大明星，讓諸多靈魂們好生羨慕。有些準畢業生，也會待著待著突

9 過了三十歲之後，人類的價值觀是否會改變，就得看靈魂對自己的認識程度了。靈魂需要穿插不同的事件來刺激人類，壓力不能過大，也不能過小，只有剛剛好的壓力才能促使人類反省，下決心地改變既有模式，重建新的價值觀。三十歲之後靈魂要重新推動的力道，包括地球代幣的運用，會花費超過三十歲以前的五倍以上，甚至達到十倍以上，才能產生績效。最怕的是早已習慣原來的舊模式，改變都是曇花一現。三十歲之後要改變的動力，非得到痛定思痛的程度才行。

完成在地球上的挑戰，成就自我的靈魂，會獲得地球和宇宙集中贈與的金色祝福，
彷彿巨大的翅膀包圍全身，加強靈魂的修復力，充滿保護力量，迅速長大，美麗強大。

銀色徽章會掛在心輪前方，使靈魂能量散發耀眼光芒。
地球的壓力像是負重訓練，加速靈魂的進化。

然又覺得可以繼續輪迴幫忙地球，讓靈魂長老哭笑不得，那就再把金翅膀和徽章兌換回原來的地球代幣，將地球的祝福先放一旁。等靈魂結束輪迴後，看是要走要留？有些靈魂覺得在地球就像當兵的日子，過程百般難熬，真的能離開了，又充滿捨不得，尤其在地球上交了許多好朋友，大家那麼努力地相互支持，共患難，地球儼然成為另一個靈魂家園，也確實如此。許多靈魂離開地球之後，都會和一起成長的夥伴們保持聯絡，有的還一起旅行，甚至共組家園。許多從地球畢業的靈魂，都會在離開一陣子之後，掛念地球上的時代變化，以及懷念當初一起面對壓力而撐過來的朋友們，對地球念念不忘。

幾乎所有的靈魂在經過地球時代的磨練之後，前往其他世界體驗，發現其他世界的難題簡直易如反掌，地球的壓力其實加速靈魂的進化，使靈魂們在地球的短期內，學會對環境的絕佳適應能力，能夠團隊合作，知道如何建立解決問題、搜尋答案的流程，收集靈魂碎片的過程學會修復自己，並能修飾自己的盲點，把優點放到最大化。離開地球的靈魂們，都以驚人而卓越的速度，爆發潛能快速茁壯。這讓其他世界的靈魂感到不可思議，甚至對地球心生嚮往，好奇地在地球之外徘徊，猶豫著要不要接受地球的考驗？

而那些成長快速的靈魂，在其他世界累積相當的資歷之後，想回來探望地球，發現依照祂現有的能量技術，地球的業力和能量平衡對祂而言，已經變得太輕易了。地球母親提供的試煉簡單到不可思議，祂已經成為成熟的大靈魂。即使如此，大靈魂依然渴望能為地球付出，於是這些大靈魂來到輪迴規劃區，加入靈魂長老議會，以靈魂長老的身分，替所有新接觸地球的靈魂們把關，陪著每一位靈魂檢視生命藍圖的難易度，為所有的生命給予珍貴的建議。

靈魂長老和靈魂督導，都是靈魂們未來的樣子。靈魂與靈魂之間，彼此閃耀著傳承的智慧，閃閃發亮地相互輝映。

後記

即使我已經在網路記錄十年，靈魂輪迴規劃區的細節直到這本書才公開。

Mulo感慨地對我說：「因為在靈魂輪迴規劃區，這裡的能量直接承載宇宙和源頭的力量，能量太豐沛、強大，任何人類層面的執著都會被排除。這兒劇烈的能量洗滌，是為了讓靈魂回歸最原始良善的狀態，能清晰地理解規劃輪迴中的細節。因此要讓你跟上我的腳步，回憶起在這裡工作的每一部分，需要這麼多年的磨合，釋放你生活各個層面的壓力，才能真正地將靈魂層面的發展，屬於我擁有的知識寶庫，順利無礙地被人類層次的你記錄。」

地球的靈魂輪迴規劃區，也是Mulo長期服務和休息的區域。當我回憶起這方面的記憶，能夠鉅細靡遺地寫下每一處空間的運作方式，我甚至記起與諸多靈魂相處的小故事，像是我（Mulo）也曾經當過導覽員、輔導員，或者以靈魂長老的觀點，提點許多靈魂在進入輪迴以前，需要注意的細節。寫本書的同時，我也和其他的靈魂長老搭上線，感謝祂們在我寫本書時，替我增加幾段解說和建議。

所有平台的成立都是為了交流，地球的生命之間，還有人類之間，都是為了保持合作、溝通與協調。當靈魂成為人類，遇見更多不同的人（與靈魂），彼此性格的懸殊，以及人類載體承擔歷史的業力與習性，於是衝突發生了——發生在自己裡面、家庭裡面，以及社會和國際之間。

差異化帶來不理解，激發競爭性和優越感，衍生歧視與傷害，戰爭因此而生。

當我透過Mulo的視角凝視世界，我本來以為的社會結構的不公平，原來背後暗藏的是，諸多靈魂們對自己的了解與否，以及對地球能量的理解與否。

靈魂們發現人類情緒的失控會造成靈魂碎片，削弱靈魂的能量，靈魂需要療癒自己，使自己重新完整，才要重複輪迴、練習修補自己。當靈魂與人類能夠重視到情緒失衡帶來的後續問題，就會有自覺地調整和覺察問題的發生。

人生是一場耐力賽，從靈魂層面看來，要成為有錢人、有影響力的人，有相對的風險跟代價需要面對，尤其得承擔更多的業力責任，以及人際之間的恩怨。長得漂亮、個性討人喜愛，另一面則是更容易被注目，容易受到外在誘惑和傷害，甚至被虛榮感和社會潛規則帶走，偏離靈魂規劃。看似令人羨慕的設定，其實都有另一層隱憂，因此做出人生的每一項設定，都需要靈魂細細考量。

以靈魂長老的角度看待，人生是一場讓靈魂認識自己的過程，知道在各種際遇中，在什麼樣的關係裡面，足以充分展現自我的光彩，或者，知道自己的理想和實作的差異，願意花更多的時間以及力氣補充自己的能力，以追上理想的自己。反之，降低標準也無妨，摸索自己的步調，創造出喜愛的人生與舒服的格局，也是種圓滿。

形形色色的靈魂，千百際遇的人們，當我們在地球上相會，聽聞不同文化、風俗和命運的故事，以此為借鏡，或者努力效法。從認識自己的挫折，學習辨識可合作的夥伴，從混亂中重建秩序，以及練習解決問題的方式。

地球是讓靈魂們學習「限制」的世界，發現人生和自己規劃的有哪些不同，才會珍惜得來不易的資源，包含珍惜自己的存在。

人們只是需要「看見」，看見自己，看見其他人，釋放既有的濾鏡和偏見。我們需要的資源都在當下，你的靈魂也在冥冥中引導著你「重新看見」。

每一位人類，每一份人生的規劃，對生命的安排，都是靈魂對地球的期待。人類是靈魂的希望，我們為愛而生。

無論是靈魂、精靈、意識體、高靈、外星人，地球上的一切萬物，包括人類，大家都是源頭的孩子，我們是彼此的過去，與未來的模樣。

所有的存在彼此串聯，互給議題和挑戰，地球是各方宇宙境界的縮影，聚集諸多靈魂的願望而體現。

在如此豐富繽紛的世界裡，我們能學著如何釐清問題的來龍去脈，認識他人也認識自己，尋找適合個人的應變之道。能夠保有善意，繼續與世界同在。

國家圖書館出版品預行編目 (CIP) 資料

人生使用說明書 : 靈界運作 . 2/ 小湛著 . -- 初版 .
-- 臺北市 : 遠流出版事業股份有限公司 , 2024.01

面； 公分

ISBN 978-626-361-424-6(平裝)
1.CST: 通靈術 2.CST: 靈修

296.1 112020767

人生使用說明書

靈界運作2

作　　者｜小湛（Azure Mulo）
總 編 輯｜盧春旭
執行編輯｜黃婉華
行銷企劃｜鍾湘晴
美術設計｜王瓊瑤

發 行 人｜王榮文
出版發行｜遠流出版事業股份有限公司
地　　址｜臺北市中山北路 1 段 11 號 13 樓
客服電話｜ 02-2571-0297
傳　　真｜ 02-2571-0197
郵　　撥｜ 0189456-1
著作權顧問｜蕭雄淋律師
ISBN ｜ 978-626-361-424-6

2024 年 1 月 1 日初版一刷
2024 年 6 月 26 日初版四刷
定價｜新臺幣 430 元
（如有缺頁或破損，請寄回更換）

YLib.com 遠流博識網

http://www.ylib.com
Email: ylib@ylib.com